Ulrich Henke

Glaube-Zweifel-Hoffnung

Ulrich Henke

Glaube-Zweifel-Hoffnung

Verkündigung im 21. Jahrhundert

Fromm Verlag

Impressum/Imprint (nur für Deutschland/ only for Germany)
Bibliografische Information der Deutschen Nationalbibliothek: Die Deutsche Nationalbibliothek verzeichnet diese Publikation in der Deutschen Nationalbibliografie; detaillierte bibliografische Daten sind im Internet über http://dnb.d-nb.de abrufbar.

Contact:
International Book Market Service Ltd., 17 Rue Meldrum, Beau Bassin, 1713-01 Mauritius
Website: www.bookmarketservice.com
Email: info@bookmarketservice.com

Gedruckt in: USA, UK, Deutschland. Dieses Buch wurde nicht in Mauritius produziert.

Imprint (only for USA, GB)
Bibliographic information published by the Deutsche Nationalbibliothek: The Deutsche Nationalbibliothek lists this publication in the Deutsche Nationalbibliografie; detailed bibliographic data are available in the Internet at http://dnb.d-nb.de.

Contact:
International Book Market Service Ltd., 17 Rue Meldrum, Beau Bassin, 1713-01 Mauritius
Website: www.bookmarketservice.com
Email: info@bookmarketservice.com

Printed in: U.S.A., U.K., Germany. This book was not produced in Mauritius.

ISBN: 978-3-8416-0350-0

Inhaltsverzeichnis

GD im Grünen - <u>Im Pfarrgarten</u>
Thema: Begeisterung

01. Lied: Komm in unsre Mitte, o Herr
02. Begrüßung
03. Gebet
04. Lesung Phil 4, 4-6
05. Taufsprüche – Taufkerzen - Tauferinnerung
06. Taufen
07. Komm, sag es allen weiter (EG 225)
08. Predigt
09. Zünde an dein Feuer
10. Gebet / Fürbitte / Vaterunser
11. Abkündigungen
12. Segen
13. Lied
14. Hock im Pfarrgarten

1.) Wer begeistert ist, der hat etwas erlebt!
2.) Wer begeistert ist, steckt andere an!
3.) Wer begeistert ist, gewinnt zusätzliche Kräfte für sein Leben.

Liebe Freunde!
1.) Ich möchte heute über das Thema "Begeisterung" predigen. Ich bin mir nicht sicher, ob eine Predigt diesem Thema gerecht wird. Kann man denn über etwas reden und im Sitzen ruhig zuhören, wenn es um eine Angelegenheit geht, die uns vom Stuhl reißen müsste?
Ich war mit Jugendlichen zum Kirchentag in München. Wir haben viele Veranstaltungen besucht. Wir waren beeindruckt und hatten viel Freude und Spaß. Aber der Höhepunkt war am Anfang des Abschlussgottesdienstes. Da war beim Loblied das Lied dran: „Ich lobe meinen Gott, der aus der Tiefe mich holt, damit ich lebe.“ Und 100.000 Menschen. Alle sangen das Lied. Und auf einmal begann in der einen Runde des Stadions die Laola-Welle während des Liedes. Und als das Lied zu Ende ging, hörten die 100.000 nicht auf zu singen. Die Band musste weiterspielen. Die Laolawelle ging weiter. Immer weiter. Aus 100.000 Stimmen erklang das Lied zum Lob Gottes. Und die Band hatte keine Chance aufzuhören. Erst nach etwa 10 Strophen mit jeweiligem Kehrvers ging das Lied zu Ende. So etwas hatte ich noch nie erlebt. Das war für mich Begeisterung!

Was war der Grund für diese Begeisterung im Abschlussgottesdienst? Es ist doch so: Wer begeistert ist, der hat zuvor etwas erlebt. Diese 100.000 Kirchentagsteilnehmer hatten in den Tagen von Mittwoch bis Samstag etwas erlebt. Jeder auf seine Art und

Weise. Jeder in einer anderen Veranstaltung. Jeder im Gespräch mit anderen Christen. Und diese Erlebnisse fanden ihren Ausdruck im Singen und im Auf-und-Nieder der Laolawelle am Sonntagvormittag.
Warum sind wir in der Kirche so wenig begeistert? Könnte es daran liegen, dass wir noch nichts erlebt haben? War die Konfirmation alles an Erlebnissen unseres Glaubenslebens? Der vielleicht heilige Schauer bei der Einsegnung - war das alles, worauf wir uns beziehen können? Tut man das vielleicht nicht in einem Gottesdienst: Seiner Freude und seinem Glauben Ausdruck zu schenken? Was sollen denn die anderen sagen? Begeisterung ja, aber doch nicht im Gottesdienst!
Bei dem ansteckenden Lied in München haben wir uns auch zuerst gefragt: Was soll das denn werden? Aber dann hatten wir es ganz schnell begriffen: So kann ich meine Freude loswerden. Denn wer ein volles Herz hat, dem sprudeln die Worte und Lieder nur so von den Lippen.

Was hat du noch nicht erlebt, dass du so wenig begeistert bist für deinen Glauben? Oder kannst du es nur nicht so zeigen wie die Farbigen in Afrika?
Wie ist das jetzt zur WM in Polen und in der Ukraine gewesen? Die Begeisterung für diesen Sport zieht die Fans an. Sie haben mit ihren Mannschaften tolle Spiele erlebt. Und nun sind sie dabei. Sie scheuen nicht die hohen Eintrittspreise. Sie setzen alles ein: Geld, Trennung von der Familie, Strapazen einer Reise, einfache Unterkünfte usw. Warum tun sie das? Ganz einfach: Sie sind begeistert.

Warum bin ich vor vielen Jahren angetreten und habe mich entschieden, diesen Beruf zu wählen? Weil ich etwas erlebt habe. Es war wenige Wochen vor meiner Konfirmation. Da habe ich erkannt: Ohne Jesus möchte ich nicht leben. Alle meine Lebensziele sollen ausgerichtet sein an dem, was Jesus für mich am Kreuz vollbracht hat. Er hat mir meine Schuld genommen. Er hat mir Freude und Frieden zugesagt. - Und dann bin ich vor Jesus hingekniet. Heimlich unter den Dachsparren meiner alten Schule. Und ich habe Jesus gesagt, wie es um mich steht. Vergebung von Schuld, Erneuerung im Heiligen Geist, Bekehrung und Begnadigung. Alles das spielte sich damals ab. Und wenn ich müde werde, wenn meine Begeisterung nachlässt, dann denke ich an diesen Abend im März 1965. Und meine innere Freude bekommt wieder Kraft. Ich weiß, wie das Ziel aussieht.

Vielleicht hast du eine Freizeit erlebt und denkst daran gern zurück. Das wäre doch ein Grund zur Begeisterung und zum Dranbleiben am Glauben.
Vielleicht hast du eine Konferenz erlebt oder ein Frühstückstreffen. Ist da nichts geblieben, was dich begeistert hat?
Vielleicht hast du ein Gespräch geführt und bist dabei glücklich geworden.
Lass es doch einfach zu. Was du erlebt hast, das ist der Grundstock für deine Begeisterung!
Ohne Begeisterung taugt der Glaube nichts. Und ohne Begeisterung bleibt alles schal.

Durch unsere Erlebnisse und durch das Wirken des Heiligen Geistes ist eine Begeisterung möglich, die uns gut tut. Die Freunde Jesu, diese ängstlichen Männer damals in Jerusalem, sie wussten auch nicht, wie ihnen geschah. Aber sie ließen es zu, als der Heilige Geist über sie kam. Und von dem Moment an wich die Begeisterung nicht mehr von ihrer Seite. Das hat der wahre Geist geschafft, der Heilige Geist. Der Geist der Kraft. Der Geist der Liebe.
Die Menschen der Bibel haben den Geist mit "Hauch und Wind" beschrieben. Am Anfang hat Gott dem Menschen den Lebensodem eingehaucht. Und dadurch wurde er ein lebendiges Wesen.
Der Heilige Geist ist der Hauch Gottes. Er weht wie ein Wind in unsere trägen Gemeinden und will uns begeistern und anstecken. Du kannst dich dem nicht entziehen. Du wirst begeistert!

Damit sind wir beim zweiten:
2.) Wer begeistert ist, der steckt andere an.
In dem Buch "Timm Thaler oder das verkaufte Lachen" muss der Schüler Timm mitten im Unterricht plötzlich loslachen. Er hatte ein so ansteckendes Lachen, dass alle Schüler mitgelacht haben. Sogar der Lehrer ließ sich anstecken. Der Unterricht wurde gestört. Aber Timm bekam keine Strafe. Die schmunzelnde Bemerkung des Lehrers verzieh ihm alles: "Timm, Lachkanönchen sind die einzigen Kanonen, die ich mag.
Timm hatte einen Grund für sein Lachen. Und ohne diesen Grund zu nennen, hatte er seine ganze Klasse zum Lachen gebracht.
Was ist der Grund für unsere Begeisterung und für unsere Freude? Hat das nicht damit zu tun, dass wir in unserem Glauben eine Freude gefunden haben, die uns heil macht und die uns froh sein lässt?! Weil wir etwas Überwältigendes erlebt haben?!

Unser Bibeltext spricht von der Freude, die aus dem Herrn kommt. Die Ursache ist also Jesus, der uns lachen lässt. Ein Liederdichter sagte es mit den Worten: "Die Sonne, die mir lachet, ist mein Herr Jesus Christ! Das, was mich singen machet, ist, was im Himmel ist." Dieser Mann war begeistert. Er wusste seine Begeisterung in Worte zu fassen. Und seit Jahren steckt er uns an mit dieser Begeisterung. Sein Lied gehört zu den meistgesungenen Liedern unseres Gesangbuches.

Vorsicht ansteckend! Ein Kind hat Scharlach. So steht es manchmal am Kindergarten. Manche Eltern lassen dann ihr Kind zu Hause. Damit es sich nicht ansteckt.
Im Fall der Begeisterung sollten wir uns anstecken lassen. Denn dieses Angesteckt-Werden ist lebenserhaltend. Es baut die Gemeinde auf. Es bringt Freude und Lust. Es macht Mut zum Leben mit Jesus.

3.) Aus der Begeisterung kommen zusätzliche Kräfte für das Leben

Es ist wie bei anderen Dingen, die uns begeistern: Von der Begeisterung her kommt Kraft für den Alltag. Die Freude des Erlebnisses in München hat uns wochenlang begleitet. Nach mehr als 15 Jahren erinnere ich mich noch daran. Und ich zehre davon wie andere Jugendliche, die heute längst im Beruf stehen.
Die Begeisterung gibt uns die Kraft, dort zu stehen und zu wirken, wo uns Jesus haben will.
Da war einmal ein Christ. Er träumte, er wäre gestorben. Und ein Engel trug ihn in die Ewigkeit. Dort war ein herrliches Gotteshaus. Der Christ bestaunte dieses wunderbare Bauwerk. Plötzlich aber entdeckte er im Gewölbe eine Lücke. Offenbar fehlte da ein Stein. - Der Christ sprach zu dem Engel: "Was ist denn das für eine hässliche Lücke?" Und der Engel antwortete: "Das ist die Lücke, die Gott für dich gemacht hat. Du solltest diese Stelle ausfüllen. Aber du hattest immer andere Dinge im Kopf. So bist du nie dazu gekommen, deine Pflicht zu erfüllen." Unter diesen Worten wachte der Christ auf. Von dem Tag an ließ er das Klagen und Schimpfen über all die Unzulänglichkeiten in seiner Gemeinde. Er ging hin und arbeitet fröhlich mit. Ganz uneigennützig. Er wollte seine Lücke füllen.

Begeisterung! Ob dieses Thema in uns etwas zum Klingen bringt? Ob wir jetzt in Bewegung geraten? Gott will, dass wir unsere Lücke ausfüllen. Mit Begeisterung.

Wissen Sie, was wir am dringendsten suchen in unserer Gemeinde?
Wir suchen Mitarbeiterinnen und Mitarbeiter in der Kinderarbeit.
Wir können kaum Familiengottesdienste planen. Und eine Kinderbibelwoche ist gar nicht drin. Denn ohne begeisterte Männer und Frauen, die Verantwortung übernehmen wollen für ihre Kinder, ohne sie geht das nicht.
Lassen Sie sich doch begeistern!
Amen.

Dialogpredigt Glaube-Zweifel

Lieder: EL 444, 1-3 Die güldene Sonne bringt Leben und W
LL 272 (2x) Ich lobe meinen Gott von ganzem H.
HL 642, 1-4 Manchmal kennen wir Gottes Willen
PL 643, 1-3 Fürchte dich nicht, gefangen in
SL 580, 1-3 Segne und behüte uns nach deiner Güte

LITURGIE:
Begrüßung
Lied 444, 1-3
Votum
Liturgischer Gruß
Aus Psalm 42: Wie der Hirsch lechzt nach frischem Wasser,
so schreit meine Seele, Gott zu dir.

Meine Seele dürstet nach Gott, nach dem lebendigen Gott!
Wann werde ich dahin kommen,
dass ich Gottes Angesicht schaue?
Was betrübst du dich, meine Seele,
und bist so unruhig in mir?
Harre auf Gott!

Ehr sei dem Vater und dem Sohn...

Demütigt euch mit mir vor Gott und lasst uns beten:
Barmherziger Gott! Du bist das Licht, das alle Welt überstrahlt. Du hast durch unsere Vorfahren zu uns gesprochen und ihnen dein Wort des Heils gegeben. Du redest auch zu uns. Aber wir sind blind und taub und verschließen unser Herz für deine Liebe. Wir bitten dich: Öffne unsere Augen, unsere Ohren und unsere Herzen und heile uns ganz und vollkommen durch Jesus Christus, unseren barmherzigen Herrn. Herr, erbarme dich!

So tröstet uns die Hl. Schrift:
Jesaja schreibt: So spricht der Herr: Fürchte dich nicht, ich bin mit dir; weiche nicht, denn ich bin dein Gott. Ich stärke dich durch die rechte Hand meiner Gerechtigkeit. (Jes. 41,10)
Ehre sei Gott in der Höhe...
Loblied 272 (Ich lobe...)

Kollektengebet:
Barmherziger und ewiger Gott und Vater, das Seufzen der Bedrückten hörst du. Du achtest auf das Schreien der Bedrängten. Höre unser Gebet!
Das Böse, das uns von dir wegreißen will, mach zunichte durch deine Güte. So wollen wir dir in der Gemeinde danken und dich loben mit befreitem Herzen durch Jesus Christus, unseren Herrn, der mit dir und dem Hl. Geist lebt und regiert in Ewigkeit.
Orgel: Amen.
Lesung
Orgel: Halleluja
Credo

Hauptlied 642, 1-3
(A)
Liebe Gemeinde! Heute möchten wir einen **Artikel von Fulbert Steffensky** mit verteilten Rollen vortragen. Wir haben den Text leicht geändert.
Es geht um Skepsis und Glaube. Diese zwei lieblichen Geschwister reden miteinander. Die Skepsis reinigt den Glauben. Der Glaube heilt die Skepsis.

Ich werde als Erzähler das Gespräch der beiden leiten. Ich beginne deshalb mit der Einleitung:

Der Glaube hat eine Schwester. Er liebt sie. Auf jeden Fall sollte er sie lieben. Die Schwester heißt Skepsis (Zweifel). Die Skepsis hat auch einen Bruder. Ohne diesen Bruder wäre ihr Leben sehr karg. Der Bruder heißt Glaube. Die beiden reden miteinander. Sie stellen sich Fragen.
Nein, es ist nicht so, dass die Skepsis dumme Fragen stellt. Und der Bruder beantwortet die dummen Fragen mit Klugheit. Denn gelegentlich weiß die Schwester Skepsis keine Antworten auf die Fragen des Bruders. Und gelegentlich weiß der Glaube keine Antworten auf die Fragen der Skepsis. Lassen wir sie miteinander reden. Themen haben sie genug!
Die Skepsis beginnt, sie hat die leichtere Zunge und keine schlechten Argumente!

(B) Mein kühner Bruder! Du glaubst an Gott. Du behauptest damit die Einheit und die Güte des Lebens. Du behauptest, dass der Anfang des Lebens gut war, weil Gott es geschaffen hat. Du behauptest, dass nichts verloren gehe, weil Gott alles in seinem Schoß birgt. Du behauptest, dass sogar dem Tod der Stachel gezogen ist. Und dass dieser Gott auch im Tod niemanden ungetröstet lässt.
Ich würde dir gerne folgen. Aber meine Einwände sind zu groß!
Ich habe in einem Film zwei Hirschbullen um eine Hirschkuh miteinander kämpfen sehen. Einer ist verblutet! Währenddessen graste die Kuh weiter, als ob nichts geschehen wäre.
Wo ist da die Güte des Lebens, die du nicht aufgeben willst?
Dies ist ein zufälliges Beispiel. Ich könnte dir noch andere nennen. Die großen Fluten, die Hunderttausende verschlingen. Unschuldige Menschen! Ich habe ein Kind von vier Jahren an Leukämie sterben sehen, ehe es das Leben gekostet hat. Wo ist dein Gott mit seinem starken Arm?

(A) Der Glaube beginnt:

(C) Meine traurige Schwester! Ich antworte dir zunächst nicht in eigener Sprache. Ich antworte dir mit der Stimme von Albert Einstein! Er ist vielleicht auch für dich eine Autorität! Er sagt: „Meine Religion besteht in meiner demütigen Bewunderung einer unbegrenzten geistigen Macht. Sie zeigt sich selbst in den kleinsten Dingen, die wir mit unserem gebrechlichen und schwachen Verstand
erfassen können. Diese tiefe und emotionale Überzeugung von der Anwesenheit einer geistigen Intelligenz, die sich im unbegreiflichen Universum eröffnet, bildet meine Vorstellung von Gott.“
Ist der Gedanke von Einstein ein Argument für dich?

(B) Es mag ein Argument sein, aber ein kaltes und trostloses. Es behauptet nur Zwecke. Es behauptet keinen Sinn. Einen Zweck hat der gnadenlose Kampf der Hirschbullen. Er garantiert das Überleben des Stärkeren und damit das Überleben der Art.
Aber was hat das mit der Güte zu tun, die du, Glaube, mit dem Namen deines Gottes verbindest? Wenn ich die Natur betrachte, dann kann ich nicht mehr als Zweckmäßigkeiten feststellen. Ich finde keinen Trost. Und ich finde wenig Erbarmen.

(A) Der Glaube schweigt lange. Dann antwortet er:

(C) Ja, die Trostlosigkeit ist das gute Argument und die Humanität der Gottlosen. Ich kann darauf nichts erwidern. Ich kann nur mit einer Wette antworten. Weil ich niemanden Opfer sein lassen kann, nicht einmal deine Hirsche, darum wette ich darauf, dass die Güte des Lebens stärker ist als die Kälte. Ich wette darauf, dass Gott niemanden in eisige Abgründe stürzen lässt.
Ich weiß, dass man Wetten verlieren kann.
Meine Mutter, die Hoffnung, hat mir immer schon gesagt: Das Beste an mir sei mein Trotzkopf. So bleibe ich, der Glaube, gegen allen Augenschein und gegen alle einleuchtenden Argumente dabei: Gott lebt. Ich behaupte: „Gott wird abwischen alle Tränen von ihren Augen, und der Tod wird nicht mehr sein, noch Leid, noch Geschrei, noch Schmerz wird mehr sein. Denn das Erste ist vergangen.“

(A) Die Skepsis horcht auf!

(B) Dein letzter Satz klingt fremd in deinem Mund! Es ist nicht deine Sprache. Du zitierst die Bibel. Hat deine Hoffnung nicht selbst Sprache genug? Wo bleibt deine Autonomie? Ich kenne dich als Freigeist. Wo bleibt deine Freiheit, wenn du nicht allein für deine Hoffnung stehen kannst und dir ständig die Stimmern der Toten ausleihst, die Stimmen der Tradition und der Bibel?
Denk selber! Und sage, was du mit eigener Stimme und eigenem Herzen verantworten kannst, und nicht mehr!

(C) Ja, ich werde meinen Verstand nicht verkaufen, auch nicht an meine Hoffnung. Ich will dir in einem Bild sagen, warum ich gelegentlich nicht mit meiner eigenen Stimme auskomme und warum ich die Flucht in die Sprache und den Geist meiner Geschwister brauche.
Unsere Enkelkinder schlappten gerne in unseren Schuhen und Pantoffeln durch die Wohnung. Sie spielten, sie wären Erwachsene.
Was tue ich, wenn ich das Glaubensbekenntnis spreche? Wenn ich die alten Psalmen bete, oder wenn ich die Offenbarung zitiere, wie ich es vorhin getan habe? Ich schlappe in der Sprache und in den Bildern meiner Toten, in den Bildern meiner

Tratition durch das mühsame Leben.
Diese Sprache passt mir nicht ganz. Ich habe sie mir nicht ausgedacht. Es sind oft zu große Worte für meine karge Hoffnung und für mein beschränktes Verstehen. Diese Sprache ist mir so fremd, wie die großen Schuhe für unsere kleinen Enkelkinder. Diese alten Worte sind mir so nah wie die Schuhe den Enkeln. Es ist ein Glück, dass ich eine Fremdsprache habe, in die ich meine eigene kleine Hoffnung bergen kann. Wenn ich einen Psalm bete, wenn ich die alten Texte höre, Texte, die von der Rettung des Lebens sprechen, dann berge ich mich in einer Sprache, die mir die Toten vorgewärmt haben.
Ich lese in meiner Bibel: „Die Erde ist voll von deiner Güte!“ Wenn ich sehe, was in der Welt geschieht, habe ich meine Zweifel an diesem Satz.
Aber so hat Dietrich Bonhoeffer im Gefängnis gesprochen, und so spreche ich diesen Satz nach. Man zitiert, wenn man glaubt. Ich zitiere, wenn ich auf das Land hoffe, aus dem die Seufzer geflossen sind. Welch ein Glück, dass ich eine Fremdsprache für meinen Glauben habe.
Es ist mir zu buchhalterisch, darauf zu bestehen, alles allein vor dem eigenen Verstand und Gewissen verantworten zu wollen. Mein Herz allein verantwortet nicht die große Sprache, die die Auferstehung der Toten und der Sturz der Tyrannen nennt. Ich bin ein Freigeist mit Wohnrecht an fremden Orten.

(A) Die Skepsis ist ungeduldig geworden. Sie drängt sich ins Gespräch!

(B) Jetzt hast du eine Predigt gehalten. So hätte auch der Papst reden können.
Wenn du deine Tradition lobst, so erinnere ich dich: Es gibt auch den Schutt der Herkömmlichkeiten.
Vergiss nicht: Das Wort Tradition kommt aus dem Lateinischen. Es heißt „Überlieferung“. Es heißt aber auch „verraten“.
Denk daran, wie man in der Tradition Frauen behandelt hat.
Wie die Tradition Herrschaften gestützt und Kriege verherrlicht hat. Wie sie andere Religionen verachtet hat.
Nenne mir eine deiner schönsten Überlieferungen, die nicht missbraucht worden wäre.
Ich wundere mich über euch, die ihr so ungebrochen religiös seid!

(C) Ja, manchmal wundere ich mich auch über mich selbst. Ich kann lieben, obwohl die Liebe so oft missbraucht wurde.
Aber, liebe Schwester Skepsis! Nenne mir irgendeine andere, eine nichtreligiöse Tradition, die nicht missbraucht wurde. Denke an Hölderlin, an Beethoven, an Wagner und Nietzsche. Wie haben die Nazis diese wundervolle Mystik geschändet und missbraucht! Man kann sich nicht erschöpfen in der Geste der Entlarvung. Die Kritik darf nicht aufgegeben werden.
Aber die Kritik ist kein Brot, von dem du leben kannst.

Wer eine Tradition hat, hat den Geist seiner Väter und Mütter geerbt. Er muss sich mit dem Ungeist auseinandersetzen. Er muss seinen Vorfahren vergeben können. Auch unsere Kinder werden uns vergeben müssen. Dir, liebe Skepsis, weil du keine Brote hinterlassen hast, und mir, dem Glauben, weil ich oft naiv und blind gewesen bin.

(B lachend:) Ich sehe, du bist des Streites müde und willst dich mit mir versöhnen!

(C) Ja, ich brauche dich. Du bist die Laus in meinem religiösen Pelz. Du lässt mir keine Ruhe. Ohne dich ist jede Religion gefährlich. Darum will ich, dass wir Geschwister bleiben. Die Skepsis reinigt den Glauben. Der Glaube heilt die Skepsis.

(A) Die Skepsis ist nachdenklich. Sie sorgt sich, dass der Bruder Glaube nicht zu übermütig wird.

(B) Was mir an diesem Glauben gefällt: Mitten in seinem Herzen hält er eine Stelle für mich frei.
Einer der großen Lehrer des Glaubens unterscheidet zwischen Buchstaben und Geist in der Religion. Ein schöner Satz: „Der Buchstabe tötet, aber der Geist macht lebendig." Es ist ein Satz, der den Verstand nicht verrät.
Wenn mein Bruder, der Glaube, so redet, dann hat er sich von den Wörtlichkeitszwängen verabschiedet, die sich in den Religionen so oft finden. Ich mag aufgeklärtere Geschwister haben als diesen Bruder Glauben. Aber oft glauben diese weder an den Buchstaben noch an den Geist.
Mein Bruder! Denke daran bei deiner Liebe zur Tradition: Wer nur denkt, tut und liebt, was seine Vorfahren gedacht, geliebt und getan haben, der lebt nicht im Geist seiner Vorfahren. Er mag in ihrem Buchstaben leben, aber nicht in ihrem Geist! Er muss weiterdichten an dem, was die Vorfahren verfasst haben.
Der Geist will Übertragung, nicht Nachplappern!
Du, Bruder, solltest neu dichten und nicht nur das Alte auswendig lernen. Dichte neue Lieder. Sage mit eigenen Worten, was du glaubst. Liebe die Toten, aber werde nicht zum Sklaven deiner Vorfahren!

Und noch etwas, lieber Bruder! Kannst du leugnen, dass es einen tiefen Zusammenhang gibt zwischen Religion und Gewalt? Die Religion will siegen, immer und überall. Denke an Elia. Ihr nennt ihn einen Prophet. Er ließ die Baals-Priester abschlachten. Denke daran, was das Christentum an Religionen zerstört hat. Nach Konstantin unter dem Kreuz zur Macht gekommen, die Folterungen der Abweichler, das Verbrennen der Hexen und der Ketzer.
Ich mache dich dafür nicht verantwortlich. Aber ich frage dich: Was hast du damit zu tun?

(C beschämt:) Ich müßte die Geschichte leugnen, wenn ich dir widersprechen würde. Aber ich versuche eine Erklärung, sie beschönigt nichts!
In meinen wichtigsten Urkunden gibt es Sätze, die mir auch zu schaffen machen. Zum Beispiel: „Das Himmelreich leidet Gewalt, und die Gewalt brauchen, reißen es an sich.“ Oder: „Wenn dich dein Auge ärgert, so reiß es aus und wirf es von dir; denn es ist dir besser, dass du mit einem Auge in das Leben eingehest, als dass du zwei Augen hast und in das höllische Feuer geworfen werdest.“

(B) Gewalt gegen sich selbst ist der Anfang der Gewalt gegen andere!

(C) Vielleicht ist alles gefährlich, was wirklich wichtig ist. Überall, wo Menschen etwas ernst nehmen und ihr Leben nach einer Erkenntnis und einer Überzeugung ausrichten, besteht die Gefahr der Gewalt gegen sich selbst und gegen andere. Das ist nicht nur in der Religion so.
Denk an die politischen Entwürfe der letzten zweihundert Jahre! Denk an die französische Revolution und den Kommunismus.
Es gibt Gedanken und politische Entwürfe, die in Blut waten. Das vergossene Blut macht dann die Erkenntnisse zur Lüge. Die ganze ehemalige DDR war auf Lüge aufgebaut!
Man muss immer an die Opfer denken.

(B) Rettest du jetzt, was nicht zu retten ist? Ich sage dir: Überall, wo Religionen an die Macht kommen, oder wo Religionen sich in den Dienst und unter den Schutz einer Macht begeben, überall dort sind Religionen tödlich. Da stanzen Soldaten auf ihre Koppelschlösser „Gott mit uns“, da zieren sie ihre Dollarnoten mit dem Satz: „In God we trust“, und sie segnen die Waffen der Macht. Der Macht, der sie sich unterworfen haben!

(A) Der Glaube stimmt den Worten der Schwester zu!

(C) Darum blüht meine Freiheit und meine Schönheit erst dort, wo ich meine stumme und von allen angenommene Selbstverständlichkeit verloren habe. Ich bin glücklich darüber, dass es in diesem Land keinen erzwungenen Glauben mehr gibt. Der Geist soll in den Kirchen leben. Der dienstbare Geist für die Mächtigen gehört der Vergangenheit an. Es ist gut, wenn die Kirchen nicht mehr aus dem Vollen schöpfen können. Denn der Urheber des Glaubens war ein armer Mann aus Nazareth, geboren von einer armen Frau in einer armen Umgebung!

(A) Die Skepsis scheint recht irritiert zu sein!

(B) Fast sind wir uns zu einig. Aber eines bleibt: Immer noch wollt ihr missionieren und zeigen, dass ihr die Besten seid. Und ist die Misson nicht immer mit Gewalt

verbunden? Die Grundgefahr religiöser Systeme ist doch, dass sie sich selber nicht endlich denken können. Sie sind immer in der Gefahr, sich selber Gottesprädikate zuzulegen:
Sie sind die allein selig Machenden. Außerhalb von ihnen gibt es kein Heil. Sie sind die Wahren. Außerhalb gibt es nur Lüge und Abfall. Ihre Gefahr ist, die Welt zu säubern von den 'Andersheiten'. Der Verlust der Endlichkeit ist der Verlust der Geschwisterlichkeit. Nur endliche Wesen sind geschwisterliche Wesen. Sich für einzigartig zu halten heißt immer, bereit zu sein zum Eliminieren. Die Anerkennung von Vielfalt (Pluralität) ist die Grundbedingung menschlicher Existenz.

(C) Ja, es war ein Grundfehler der Kirchengeschichte, daß wir uns für einzigartig gehalten haben. Aber nicht nur dieser Geschichte. Denke daran, wie sich die weiße Rasse für einzigartig und höchstwertig gehalten hat. Wie Nationen sich für einzigartig hielten. Wir alle haben es langsam lernen müssen, dass am deutschen Wesen keiner genesen muss!
Und das ist dann zugleich der Lebensraum für andere Menschen, für andere Wahrheiten, andere Lebensentwürfe und andere Hoffnungen. Aber zugleich kann ich mir nicht vorstellen, dass jemand, der für etwas steht und etwas liebt, sich nicht veröffentlichen will in dem, was er liebt. Mission heißt, ohne Gewalt zeigen, was man liebt und was mir wichtig ist. Denn was sich verbirgt, stirbt. Darum kann ich mir keine Kirche vorstellen, die auf Mission verzichtet. Sie soll sich zeigen dürfen und anerkennen, dass es andere Lebenskonzepte gibt.

(C selbstbewußter:) Ich sehe, du hast mich nun schon einige Zeit in die Defensive gedrängt. Vielleicht liegt es daran, dass man leichter die Fehlformen einer Sache beschreiben kann als ihre Schönheiten.

(B ironisch und erwartungsvoll:) Nun Brüderchen, beschreibe mir deine Schönheiten!

(A) Der Glaube wird nun noch mutiger. Wir dürfen gespannt sein, was er zu sagen hat.

(C) Ich beschreibe diese Schönheit nicht mit einem Argument. Ich will es mit einem Beispiel versuchen, mit einem Lied.
Du kennst das Lied, das Abendlied von Paul Gerhardt: Nun ruhen alle Wälder. Dieses Lied enthält den Grundwunsch des Menschen nach der Geborgenheit des Lebens. Wenn „die Nacht, des Tages Feind“ hereinbricht und wenn die vielfältigen Satane das Leben verschlingen wollen. Selbst wenn Menschen nicht mehr glauben können, haben sie die Sehnsucht nach dem Glauben, dass sie selbst und ihre Lieben nicht durch „Unfall noch Gefahr“ betrübt werden. Die unmittelbaren Anreden machen das Lied warm und persönlich. Die Sonne wird angeredet und gefragt: „Wo bist du,

Sonne, blieben?" Dem eigenen Herzen wird ermunternd zugeredet und ihm versprochen, dass es frei werden soll „vom Elend dieser Erden". Die matten Glieder werden entlassen in die große Ruhe. Die man liebt, werden genannt, und in ihnen wird „seiner Engel Schar" mit ihren „güldnen Waffen" zugesprochen. Schließlich wird Jesus selbst angesprochen in dem wundervollen Bild der Glucke, die ihre Küchlein unter die wärmenden und schützenden Flügel nehmen soll.
Hätte doch diese Wärme die Gottesbilder unserer Tradition stärker bestimmt! Hätten wir doch Gott nicht hauptsächlich Vater, Herr und König genannt, sondern gelegentlich auch Glucke!

(A) Die Skepsis ist recht nachdenklich geworden!

(B) Es ist erstaunlich, wie viele Dichter dieses Lied erwähnen. Gellert, Claudius, Schiller, Eichendorff und Thomas Mann. Aber nicht nur Dichter. Wie fromm, wie gebildet oder wie ungläubig Menschen sind, die meisten kennen dieses wunderschöne Abendlied. Viele singen es mit ihren Kindern, selbst wenn sie nicht mehr beten können. Paul Gerhardts Lied ist ein menschlicher Gesang, nicht nur ein religiöser.

(A) Der Glaube freut sich, daß er die Schwester begeistern konnte. Nun will der die Sache noch abrunden. Ob es gelingt?
(C) Das Lied verlockt dazu, sich selbst und alle, die man lieb hat, in den Schutz Gottes zu entlassen. Der Leib darf „nun zur Ruhe" eilen. Das „Haupt, die Füß und Hände" werden entlassen aus der Fron der Arbeit. Es ist die große Entlassung des Menschen in den Schatten des Trostes Gottes. Du musst nicht dein eigener Herr sein und brauchst dich nicht in dir selbst zu bergen. Du stehst nicht unter dem Zwang, dich selbst zu wärmen. Die Flügel der Güte Gottes bergen und wärmen dich. Du könntest es auch nicht selbst in der letzten Stunde deines Lebens.
Dieses lebensheitere Lied spricht in 5 Strophen von dem letzten Heimkommen des Menschen. Der Mensch darf sich stürzen in den Abgrund der großen Güte seines Schöpfers.
Stell dir vor, meine liebe Schwester Skepsis! Stell dir vor, es gäbe diese Lieder nicht. Man könnte nur sagen, was sagbar ist. Stell dir vor, wir könnten unsere Kinder nicht zudecken mit den Worten: „So lass die Englein singen: Dies Kind soll unverletzet sein."
Die Welt wäre kälter. Ich bin dir dankbar für deine Fragen, für alle Sachlichkeit. Aber die Welt wäre kälter ohne den glaubenden Paul Gerhardt. Ich brauche die Lieder, Texte und Psalmen gegen die Kälte der Welt. Sie nennen das Ganze, das niemandem verloren gehen darf.
Du, liebe Schwester, brauchst an das Lied und an dessen Lebensentwurf nicht zu glauben. Aber gib wenigstens zu: Es ist schön! Und das genügt mir!

(A) Die Skepsis würde gern noch etwas sagen. Aber die Worte von Paul Gerhardt sind ihr selbst nahe gegangen. So lässt sie nun stehen, was sich nicht lohnt zu hinterfragen.

(A, B, C) Amen.

Gottesdienst am Sonntag Exaudi
9.00 Bergkirche

Predigttext: 1. Joh. 5, 1-5
Lesung: Mt. 7, 24-27

1.)Lieder
EL 515, 1-6 Laudato si
PSALM 36: 719
HL 317, 1-3 Lobe den Herren
PL 597, 1+3+4 Dass du mich einstimmen lässt
SL 501, 1-4 Wie lieblich ist der Maien

Liebe Gemeinde!
Bei Johannes dreht sich alles um Jesus.
Für ihn ist klar, dass ein Jesusbekenner auch ein Christ ist.
Und dass die Liebe zu Gott und zu seinen Geboten uns Menschen zu neuen Menschen macht.
Sogar wird dann der Glaube den Sieg über alles davontragen, was uns in diesem Leben schwach macht. Der Glaube ist der Sieg, der die Welt überwunden hat! Und glauben wird der Jesusbekenner!
Bei Johannes dreht sich alles um Jesus.

Heute nun soll sich alles um das Radfahren drehen. SlowUp. Die Strassen werden gesperrt für den motorisierten Verkehr. Velos und andere Fortbewegungsmittel werden die Straßen füllen von Ramsen bis nach Schaffhausen. Bei einem kleinen Abstecher in unsere altehrwürdige Bergkirche könnte man sich auch daran erinnern, dass nicht nur das herrliche Fortbewegungsmittel „Velo", sondern dass auch Jesus Christus als Dreh- und Angelpunkt unseres Lebens eine besondere Rolle spielen sollte.
Ich habe hier mein Rad mitgebracht: Es hat keine Kette, sondern einen Keilriemen. Es ist robust für alle Schotterwege. Und ich muss nicht damit rechnen, dass die Reifen zerschnitten werden von dem Kalksplit, der manche Radwege verunstaltet. Das ist mir im Altmühltal schon einmal passiert. Ich musste dann meine Radtour nach 1100 km abbrechen und nach Hause fahren. Zum Glück gibt es die Eisenbahn.

Erst vor 6000 Jahren wurde das Rad in Mesopotamien und am Schwarzen Meer nachgewiesen. In der Natur gibt es dafür kein Vorbild. Das Rad hat die Zivilisation weit voran gebracht. Nicht nur das Transportmittel war ein riesiger Fortschritt, sondern auch bei der Übertragung der Kraft in rotierende Bewegungen hat das Rad eine bedeutende Rolle in unserer Technik gewonnen. Ohne das Rad, liefe heute nichts mehr.

Wichtig am Rad ist die Felge. Sie darf nicht zu weich sein, damit sie die Fahrt durch unebenes Gelände für das ganze Rad abfangen kann. (Festigkeit)
Die Speichen sind unerlässlich. Sie müssen den Druck aushalten. Wenn welche fehlen, gibt es Bruch. Sie sind die Stützen am Rad. (Stützen im Leben: Eltern, Lehrer, Freunde)
Das Rad braucht die Mitte, die feste Achse, um die es sich dreht. Wenn die Achse nicht stabil ist, torkeln wir richtungslos umher. (Die Achse unseres Lebens muss stabil sein. Es sollte sich ja alles um Jesus drehen.)
Auf Rädern kann man jemanden mitnehmen. Welch eine Freude war das für unsere Kinder, wenn sie im Kindersattel beim Papa mitgenommen wurden. Schnell gings ins Müglitztal hinab. Der Wind blies um die Ohren. Das Ziel war schnell erreicht. (Das Rad fördert die soziale Kompetenz)
Am schönsten ist es, wenn wir gemeinsam fahren können, so wie heute am Radlersonntag. Die Gemeinschaft bei aller individuellen Freiheit ist von großer Bedeutung. (Gemeinschaft)

In dem, was wir eben vom Rad gehört haben, lassen sich einige wichtige Dinge des Glaubens ableiten.
Da ist zuerst die Festigkeit.
Eine Felge braucht Festigkeit. Sie muss die Unebenheiten des Lebens abfangen.
Johannes schreibt über unseren Glauben: Er ist ein Sieg, der die Welt überwunden hat. Ein Sieg kann nur durch Entschlossenheit und Tapferkeit errungen werden. Die Welt zu überwinden, das kostet Mut. Hinstehen und seinen Glauben bekennen. Wir sind das ja nicht so gewöhnt. Wer redet frei und offen über seinen Glauben?
Die Welt wird überwunden durch Klarheit im Denken, durch Eindeutigkeit im Reden, durch liebevolles Verhalten und durch ein barmherziges Leben. Der Sieg sieht anders aus als bei einem Bankdirektor. Der Sieg kennt die Niederlagen und weiß um die Schwachen. Und für sie halten die Glaubenden gern ihren Kopf hin.
Die Speichen sind die Stützen des Rades. Auch unser Leben braucht Stützen: Eltern, Lehrer, Freunde. Ohne sie wären wir nicht da, wo wir sind. Und ohne sie wäre unser Leben auch nicht so farbig. Freunde sind wichtig, wenn wir weg sind von unserer Heimat. Während die Eltern und die Lehrer nicht immer um uns sein können, sind Freunde dauerhafte Lebensbegleiter, wenn sie wissen, was Treue ist. Auf solche Stützen dürfen wir nicht verzichten.

Die Achse eines Rades ist der Dreh- und Angelpunkt. So muss auch
die Achse unseres Lebens stabil sein. Es sollte sich alles um Jesus drehen. Wir sollten in ihm einen festen Grund haben.
Johannes schreibt: „Wer glaubt, dass Jesus der Christus ist, der ist von Gott geboren.“ Am Jesusglauben entscheidet sich unsere neue Geburt des Glaubens. Und an der Treue zu Jesus entscheidet sich auch, wie wir unser Leben gestalten: Ob wir die Gebote beachten oder ob wie sie hassen. „...und seine Gebote sind nicht schwer!“
Ob auf einem Tandem oder auf einem Rad mit Kindersitz, das Rad fördert die soziale Kompetenz. Wir erleben die Fortbewegung neu. Wir können miteinander reden. Wir haben das gleiche Ziel. Wir können uns ermuntern, dass Gottes Gebote ja nicht schwer sind. Denn wenn wir die herrliche Natur auf dem Rad genießen und wenn wir den Duft der Blüte riechen, dann sind wir eingebunden in das, was Gott uns schenkt. Und auch der, der nicht mehr Rad fahren kann, kann sich am Wegesrand auf der Rentnerbank mit anderen austauschen über das, was man früher alles erlebt hat.
Und als Letztes ist da die Gemeinschaft. Am heutigen Sonntag, wo von 10.00 bis 17.00 Uhr die öffentlichen Straßen gesperrt sind für die Radler, entsteht gerade auch hier an der Bergkirche ein Schwerpunkt für gemeinsame Aktionen, für Gesprächsmöglichkeiten und Verköstigungen durch die vielen freiwilligen Helfer.
Es ist wunderbar, diese Gemeinschaft zu erleben. Und es ist ein ausgemachtes christliches Zeichen der Verbundenheit, dass wir heute Morgen hier diesen Gottesdienst in der Bergkirche feiern können.
Gott schenke uns einen unfallfreien Tag!
Amen.

Gebet
Herr, unser Gott, du willst, daß unser Leben einen Sinn hat. Du willst, daß unser Leben gelingt. Schenke uns allen doch Mut und Phantasie, dir wirklich nachzufolgen. Dein guter Geist beflügle uns, daß wir das ewige Leben erlangen.
Himmlischer Vater, wir beten für alle Menschen, denen wir uns verbunden fühlen. Wir beten für alle, um die wir uns sorgen. Sei du nahe unseren Freunden, unseren nächsten Angehörigen in Familie und in der Verwandtschaft, und allen, mit denen wir jeden Tag zusammenkommen.
Wir beten für eine lebensfähige und menschliche Gesellschaft. Laß Vertrauen und Solidarität überall dort entstehen, wo Menschen zusammenarbeiten und zusammen ihre Freizeit verbringen.
Wir beten auch für die Menschen, die nicht nicht mehr miteinander umgehen können. Schenke ihnen Geduld und Toleranz, Liebe und Vertrauen.
Wir beten für alle, die große Verantwortung in unserer Gesellschaft, in der Kirche und im politischen Leben übernommen haben.
Dass sie das Leben der Menschen sichern.
Und dass sie nicht nachgeben, sondern Korruption und Unrecht zu bekämpfen.
Dass sie sich einsetzen für das Wohl der Armen und Entrechteten. Vaterunser

Segen:
Lasst uns auseinandergehen im Vertrauen darauf, dass wir auf allen Wegen, die wir gehen, nicht allein gelassen sind. Sondern Gottes Segen begleitet uns. Gottes Segen kommt zu uns und stärkt uns. Gott selbst macht uns Mut. Er befreit uns und zeigt uns ein erfülltes Leben.
Aaronitischer Segen.

Predigt
Predigttext: Gn. 11, 1-9 (III) Pfingsten II
Lesung: Apg. 2, 1-18

Lieder:	EL	130, 1+2	O Heilger Geist, kehr bei uns ein
	PS118	763.2	Dies ist der Tag, den
	LL	329, 2	Hab Lob und Ehr, hab Preis und D.
	HL	124, 1-4	Nun bitten wir den heiligen Geist
	PL	133, 7+8+10	Du bist ein Geist der Liebe
	SL	135, 5	Gib zu allen Dingen Wollen und V.

Begrüßung:
Pfingsten schenkt zweierlei:
Mut und Verstehen.
Die Angst der Anhänger Jesu ist wie weggeblasen. Die Sprachlosen treten in die Öffentlichkeit. Sie reden von Jesus, dem Gekreuzigten und Auferstandenen.
Da gibt es ein Verstehen wie nie zuvor. Der Geist Gottes schenkt geistige Gemeinschaft. Traumhaftes gegenseitiges Verstehen.
So muß es einmal am Anfang der Menschheitsgeschichte gewesen sein. Davon werde ich in der Predigt erzählen.
So schenke uns Gott heute beides: Mut und Verstehen, die Gaben des Heiligen Geistes. Amen.
Lied
Votum
Gruß
Psalm und Gloria patri
Bussgebet
Barmherziger und ewiger Gott, das gegenseitige Verstehen ist auch eine Frage des Willens. Manchmal sträuben wir uns dagegen, weil wir in unseren eigenen Sprachbarrieren bleiben wollen. Hilf uns zu mehr Sprachfähigkeit und erbarme dich unser.
Orgel: Herr, erbarme dich...
So tröstet uns die Heilige Schrift:
Gott spricht durch Jesaja: Ich will meinen Geist auf alles Volk ausgießen und meinen Segen auf ihre Nachkommen.

Loblied
Gebet:
Ewiger Gott, sende deinen Geist in unsere Herzen und durchdringe unser Denken und Tun. Lass uns geheiligt sein durch Jesus Christus, unseren Herrn, der mit dir und dem Hl. Geist lebt und regiert in Ew.
Textlesung: Gn. 11, 1-9 oder Erzählung von Erwin Meier
Gebet
Musik-Einspielen von: Die Legende von Babylon
Liebe Gemeinde!
Tja, versteht heute der eine Mensch den anderen?
Das geplante Riesenbauwerk in Babylon scheiterte am Verstehen.
Die Leute verstehen sich nicht mehr: Der Vorarbeiter nicht den Ingenieur. Der Ziegelträger nicht mehr den Vorarbeiter. Der Mann versteht seine Frau nicht mehr. Eltern nicht ihre Kinder.
Die einzelnen Mitarbeiter im Team haben grundsätzliche Verstehensschwierigkeiten. Sie ziehen nicht mehr an einem Strang. Sie wollen oft das Gegenteil von dem, was ihr Teampartner will.
Und der Erzähler dieser alten Geschichte deutet dieses Nichtverstehen! Er sagt: Dass sich die Leute nicht mehr verständigen können, das ist eine Folge ihrer Sünde. Und die Sünde heißt: Hochmut.
Bruce Low sang eben: „Doch der Herr, der das sah, sprach: So kommt ihr nie dem Himmel nah! Eure Sünden ziehen Schritt für Schritt mit euch mit!"
Die Hauptsünde in unserem Fall ist das Sich-Erheben der Menschen über Gott. „Wir wollen doch einmal sehen, was da oben im Himmel ist." „Wir wollen uns einen Namen machen." „Der Turm wird uns weltberühmt machen." Wir werden Geschichte schreiben und ins Guinnes-Buch der Rekorde aufgenommen.
Und Gott? Von Gott wird gesagt: Er muß sich eine Lupe nehmen, er muss genau hinsehen, um das Riesenbauwerk überhaupt erkennen zu können.
Das heisst ja wohl: Menschliche Riesenleistungen können von Gott kaum wahrgenommen werden. Sie sind so klein, so kümmerlich, so winzig! Ein Turm, der bis zum Himmel reicht. Ein Turm, der Gott kontrollieren soll. In der Dimension Gottes ist und bleibt er ein Nichts.
Gott greift nun ein. Nicht, weil er die Forschung des Menschen nicht leiden kann. Nicht weil er eifersüchtig wäre. Nein. Gott greift ein wegen des Hochmuts der Menschen. Die Überheblichkeit der Leute von Babylon sieht er und beendet sie. Gott zerstreut die Menschen durch die Sprachverwirrung. Keiner versteht mehr den anderen. So müssen sie alle vereinzelt ihrer Wege gehen. Und der Erzähler meint: Durch die Überheblichkeit entstehen viele Völker. Völker, die dann gegeneinander Krieg führen. Deren Verständigung eigentlich erst durch die Worte Jesu wieder möglich werden.
Sünde und Hochmut als die Ursachen so vieler Konflikte und Probleme in unserer Völkerwelt.

Versteht heute der eine Mensch den anderen?
Wir sprechen in Deutschland seit Luther die gleiche Sprache. Aber das Verstehen zwischen Ost und West ist immer noch auf niedrigem Niveau. Es sind die jeweiligen Überheblichkeiten und Befindlichkeiten, die die innere Einheit unseres Vaterlandes bremsen.
Ein reich genährter junger Mann, der nie in seinem Leben etwas entbehren musste, kann gut lästern über die neuen Bürger, die sich den Bauch mit Bananen vollschlagen. Er konnte Bananen ja immer und überall kaufen. Der Chemnitzer nicht.
Und eine junge Mutter aus Cottbus konnte gut die sog. sozialen Errungenschaften der DDR loben. Denn sie konnte ja ihre Kinder in der Kinderkrippe abgeben. Die meisten haben ihre Kinder abgeschoben. Das war es doch letztlich, undviel einfacher al anstrengende Kindererziehung zu Hause.
Aber die Forschung lehrt, dass das Abgeben in die Krippe unseren Kleinkindern nicht unbedingt gut tut!
Da ist die Kernenergie. Sie kann gut mit dem Turmbau zu Babel verglichen werden. Von der Kernenergie versprach man sich die Lösung aller zukünftigen Energiesorgen.
Es wurden Kräfte entdeckt und genutzt, von denen keiner weiß, wie sie uns allen noch schaden werden.
Fukushima im März 2011, Tschernobyl im April 1986... Was kommt noch? Was wird uns der Ausstieg aus dieser Technologie noch für Probleme bereiten. Politische, wirtschaftliche, gesundheitliche und sozialpolitische Probleme.
Schon heute sind verseuchte Landstriche und verstrahlte Meeresgebiete eine Gefahr für Tausende. Und an Opfern sind heute schon Millionen von Menschen zu beklagen, die Bombenpfer mit eingeschlossen.
Versteht heute der eine Mensch den anderen?
Manche hochgepriesene Errungenschaft der Wissenschaft kann den Untergang der Menschheit bedeuten. Ob Genforschung, ob Computertechnologie oder die Kernspaltung: In den Händen von Verbrechern, durch gewissenlose Forscher ohne innere Moral oder auch bei schlampig arbeitenden Angestellten ist bis heute die höchste Alarmstufe geboten.
Sind wir Menschen überhaupt in der Lage, solche verantwortliche Entscheidungen für die Zukunft der Menschheit zu treffen?
Es sind doch ethische Gewissensentscheidungen gefordert. Es ist Geistesgegenwart gefragt. Und solche Gewissensentscheidungen kann kein Gesetz regeln. Unsere Gewissensbindungen sind ohne Gott nicht zu denken. Wir brauchen Gott. Wir brauchen die Bindung an den Schöpfer allen Lebens. Wir brauchen den Gott des Lebens. Denn in unserem Hochmut zerstören wir alles, was ER geschaffen hat.
Deshalb ist es so wichtig, dass wir das gegenseitige Verstehen suchen. Deshalb nehmen wir dankbar wahr, was uns Jesus Christus geschenkt hat. Wir erkennen: Das gegenseitige Verstehen zwischen Menschen und Völkern stellt sich dort ein, wo ER unser aller Gott ist. Da weicht die Angst vor der Vereinzelung.

Da suchen wir den Bruder und die Schwester in dem uns fremd begegnenden Menschen. Da mühen wir uns um Gewissenhaftigkeit und Treue im Kleinen. Und um Zuverlässigkeit und Demut im Großen.
Wir wissen, wer uns erschaffen hat. Wir wissen, wer uns in diese Welt gestellt hat. Wir wissen, wem wir Rechenschaft geben werden. Wir wissen um den Herrn der Liebe, der keinen Hochmut will.

Die Geschichte vom Turmbau zu Babel ist am heutigen Pfingsttag wie ein Negativ. Das Positiv dazu ist die Geschichte von der Ausgießung des Hl. Geistes. Im Namen Jesu verstehen sich die Menschen aller Völker in Jerusalem. Und wo du auch hinkommst bei deinen Reisen. In den Kirchen und Gemeinden wirst du immer verstanden. Das Beten und Singen, das Lob des Schöpfers führt dich mit anderen zusammen.

Gott schenke uns allezeit das rechte Verstehen!
Amen.

Predigt vom Sonntag Judika
Predigttext: Gn. 22, 1-13 (III)
Lesung: Hebr. 13, 9-14

Lieder:	EL	452, 1-3	Er weckt mich alle Morgen
	PS 43:	725	Gott, schaffe mir Recht
	LL	452, 5	Er will mich früh umhüllen
	HL	289, 1+4	Nun lob, mein Seel, den Herren
	PL	Geh, Abraham, geh, mach dich auf den Weg	
	SL	391, 1+4	Jesu, geh voran

Wir beugen uns vor Gott und beten:
Wir sehen auf das Kreuz. Wir sehen Jesus in seinem Leiden und Sterben. Er leidet für uns und für unsere Sünden.
Nimm von uns, Herr, unsere Gleichgültigkeit, unsere Trägheit und unsere Schwachheit. Herr, erbarme dich!

Trostwort:
Christus spricht: Wer mir nachfolgt, der wird nicht leben in der Finsternis, sondern er wird das Licht des Lebens haben!
Ehre sei Gott in der Höhe...
Kollekte:
Herr, unser Gott! Du hast deine Gemeinde im Glauben und in der Liebe verbunden. Wir bitten dich, hilf uns, dass wir alles Böse geduldig überwinden und einander in der Gemeinde dienen nach dem Vorbild deines Sohnes J. Chr., der da mit dem Vater und dem Hl. Geist lebt und herrscht in Ewigkeit.

Gn. 22, 1-13 – Kanzelgruß – Gebet

Liebe Gemeinde!

Unser heutiger Text ist allgemein bekannt unter der Überschrift: Die Opferung Isaaks.

Und viele Menschen bleiben kleben an der drängenden Frage:

Was ist das für ein grauenhafter Gott? Wir können solche Versuchungen auf Leben und Tod nicht nachvollziehen!

Wir hören da keine frohe Botschaft, die uns eigentlich erreichen sollte.

Tatsächlich lohnt es sich aber, genauer hinzusehen und hinzuhören.

Denn Gott ist auch in dieser Geschichte der liebende Vater, der Menschen vor dem frühen Tod retten kann.

Gott ist auch in dieser Geschichte der Erlöser, wie ihn uns Jesus Christus verkündet hat. Denn Gott löst alles, was zunächst unlösbar und unausweichlich schicksalhaft 'vor Augen liegt'.

Um besser den Text auslegen zu können, möchte ich mich heute mit zwei Fragen auseinandersetzen. Auf diese Fragen antwortet nämlich unser Bibeltext:

I Was ist der wirkliche Wille Gottes?

II Was verstehen wir unter Glaubensgehorsam?

I Was ist der wirkliche Wille Gottes?

Der Schlüssel zum Text liegt für mich im ersten Vers: „Nach diesen Geschichten versuchte Gott Abraham und sprach zu ihm: Abraham! Und er antwortete: Hier bin ich."

Jetzt wird die Weiche gestellt. Wer immer diese Geschichte hört oder liest, der hört vom ersten Satz an von der Versuchung.

Kennen wir Situationen der Versuchung?

Jesus lehrt uns im VU „führe uns nicht in Versuchung".

Jesus hat selbst am eigenen Leib Versuchungen erfahren. Und er hat sie mit der Hilfe des Wortes Gottes bestanden. (Mt. 4)

Was für Abraham auf den ersten Blick so aussieht wie Selbstaus-rottung seiner eigenen Zukunft, das wird von Anfang an als Vers. Gesehen.

Hier wird gegen allen Augenschein von der Erfahrung eines gnädigen Gottes erzählt. Dies wird in mehreren Lernschritten erzählt. Und ein solcher Lernschritt heißt: Unser Gott Jahwe befreit den Abraham von einem heidnisch-religiösen Brauch, erstgeborene Buben zu opfern. Der barmherzige und gnädige Gott will kein Menschenopfer.

Was will Gott dann?

//: Er will einen a u f m e r k s a m e n Glauben! ://

Drei Tage ist Abraham mit seinem Sohn Isaak unterwegs.
Eine lange Zeit.
Drei Tage, an denen Vater und Sohn füreinander Zeit haben.
Drei Tage des Gesprächs. Das kommt selten vor! Welcher Vater hat drei Tage Zeit für seinen Sohn?
Erst am Ende taucht die Frage auf: Papa, wo ist denn unser Opfertier? Und Abraham antwortete weise, ohne zu wissen, wie diese Versuchung ausgeht: (ZITAT 7+8)
Gott wird's wohl machen. Gott weiß. Gott hilft.
Abraham behält offenbar trotz allem das Gespür für den Willen Gottes.
Abraham bleibt offen. Er bleibt hörbereit.
Seine enge und vertrauensvolle Bindung an seinen himmlischen Vater zerbricht nicht in der Stunde der Prüfung. Weil Abraham um Gottes lebenslange Begleitung weiß, kann er im rechten Augenblick Gottes gnädige Stimme hören.
Denn da erlebt er erneut den wahren und den segnenden Gott. Der Bote Gottes ist sein Schutz. Der Schutz für Abraham, Isaak und Sara.
Abraham erfährt, was er im tiefsten Herzen wusste:
Gott will keine Menschenopfer. Er schickt den Engel. Der hält das Messer.
Gott will rechten Glauben und aufmerksames Hören, damit Menschen das Richtige tun können.
Diesen Willen Gottes hat Abraham sein Leben lang erfahren.
Deshalb hat er an dieser Erfahrung auch dann festgehalten, als ihm sein Herz schwerer als schwer wurde durch die Versuchung.
Abraham blieb trotz allem Schweren offen für Gottes Ruf. Er konnte auf seinen Gott aufmerksam hören trotz aller schlimmen Zweifel.

Den Willen Gottes tun heißt deshalb:
Zieh dich nicht zurück in deinen „Schmollwinkel“!
Bleib auch in dunklen Stunden offen für die tröstenden und guten Worte deines liebenden Vaters. Du verstehst nicht alles. Aber Gott wird das Rechte tun. Auch in deinem Leben!
Halte dich fest an die Zuversicht: „ER wird’s wohl machen!“

Was ist der Wille Gottes für Abraham?
Sammle Erfahrungen des Glaubens. Einer hat gedichtet:
„Wenn alles bricht, Gott verlässt uns nicht. Größer als der Helfer ist die Not ja nicht. In allen Stürmen, in aller Not wird er dich beschirmen, der treue Gott.“
So kann sich Gottes Wille nur durchsetzen, weil Abraham sich nicht erschüttern lässt in seinem Glauben. Seine bisherigen Glaubenserfahrungen haben ihn schlussendlich nicht betrogen.
Darauf kann er sich verlassen.

II Was verstehen wir unter Glaubensgehorsam?

Gott will kein Menschenopfer. Damals nicht und heute auch nicht!
An dieser Geschichte sehen wir ganz klar:
Eine Religion, die Menschenopfer verlangt, hat nichts zu tun mit dem Glauben an den lebendigen Gott: Den Gott Abrahams, den Gott Issaks und den Gott Jakobs. Sie hat nichts zu tun mit einem Glauben an den 'Schöpfer aller guten und vollkommenen Gaben'.
Für uns als Christen noch viel mehr. Der alte Bund ist vorbei. Das letzte Opfer hat Jesus Christus selbst vollbracht. Und dadurch hat uns Gott befreit von aller unserer Opferideologie.
Das Kreuz im tgl. Leben ist für viele Menschen schwer genug. Gott will uns unser Kreuz abnehmen. Wenn wir's nur glauben wollten!
Wenn Gott keine Menschenopfer will. Was will er dann?
Unser Gott will Menschen, die hören können. Menschen, die so hören können wie Abraham.
Gott will nicht, dass wir ohne Nachzudenken „Befehle von oben" auszuführen bereit sind.
Ein blinder Befehlsempfänger hätte nicht innegehalten. Er hätte das Messer erhoben und hätte den Sohn geschlachtet. Befehl ist Befehl. Das geschieht ja zu tausenden in unserer Welt!
Vielmehr will Gott, dass wir Verantwortung übernehmen.
Dass wir uns schützend vor unsere Familien stellen und Kindern und Enkeln ihr Lebensrecht bewahren.
Dass wir eintreten für das elementare gleiche Recht der Frau.
Dass wir nicht stur durchschalten, was wir erkannt zu haben glauben.
Dass wir immer noch den Blick haben, den Engel Gottes zu sehen und auf seine Stimme zu hören.
„Schieße keinen Bock, Junge, und nimm das Messer weg! Nimm den Bock dort im Gestrüpp. Der ist vollkommen ausreichend!"

Das ist doch wirklich einmalig! Abraham hat es kapiert!

Für mich heißt das:
In dieser Geschichte geht es um den rechten Glauben. Um einen Glauben, der mitträgt, der mithofft, der mitbetet, der mittut. Und das alles auch dann, wenn alle Welt eine riesige Hoffnungslosigkeit verbreitet.
Da ist Mitverantwortung gefragt. Und Mitverantwortung übernehmen bedeutet:
Mitdenken, verantwortlich leben, an das Gute glauben, nicht nur an sich denken, auch danach fragen, ob das, was ich jetzt will, gut ist für meine Kinder und für meine Enkel. Mitverantwortung zu übernehmen, das macht mehr Mühe, als wenn ich blind irgend etwas tue, was mir jemand aufgetragen hat.
Mitverantwortung ist die Grundlage für eine gute Demokratie.

Weil Abraham Gottes Stimme hören kann, kann er Schlimmes verhüten.
Weil Abraham gehorsam im Glauben bleibt, auch in der Not, kann er zum Vater des Glaubens werden.
Weil Abraham verantwortlich mit seinem Sohn lebt, kann er gegen Gott an Gott glauben. (Luther)
Das würde ich gern weiterdenken.
Amen.

Lied-Predigt

Predigttext: EG 362, 1-4
Lesung: 1. Kor. 1, 10-18

Lieder:	EL	503, 1+8+9 Geh aus, mein Herz
	Psalm 18:	EG 707
	Lesung:	1. Kor. 1, 10-18
	HL	193, 1-3 Erhalt uns Herr, bei deinem Wort
	Predigt	362, 1-3 Ein feste Burg
	PL	362, 4 Das Wort sie sollen lassen stahn
	Credo	
	Gebet	
	SL	503, 13+14 Hilf mir und segne

Begrüßung:
Herzlich willkommen zum erneuten Gottesdienst in unserer schönen Bergkirche! Diese Kirche reizt dazu, entweder einen Gottesdienst wie in der Art von Taize oder mit besonderen liturgischen Stücken zu halten. Heute möchte ich die Gelegenheit nutzen, um mit Ihnen über das Anliegen der Reformation nachzudenken. Im Mittelpunkt wird das Lied Martin Luthers stehen: Ein feste Burg ist unser Gott.
Lassen Sie sich einladen, dem Gedanken der Reformation nach-zugehen so kurz vor dem 500. Gedenktag des Thesenanschlags in Wittenberg. Dazu gibt es dann 2017 auch noch viele Gelegenheiten.

Wir haben Sommer und singen mit P.G. Das beliebteste Sommerlied.
503, 1+8+9
Auch diesen Gottesdienst feiern wir im Namen des V+S+Hl.G.Amen.

Liebe Gemeinde!
Das Lied "Ein feste Burg..." ist sozusagen die Nationalhymne der protestantischen Kirchen. Stehend haben wir es früher gesungen. Am Reformationstag. Natürlich haben wir es auswendig lernen müssen. Dieses Lied gehört zur eisernen Ration eines evangelischen Christen.

In welche Zeit gehört es? Was waren die Umstände, die zu diesem Liedtext geführt haben?
Wir wissen heute, das der Reformator Martin Luther dieses Lied im Herbst 1527 geschrieben hat. Erst im Frühjahr 1529 wurde es veröffentlicht.
Was hat sich zugetragen im Herbst 1527?
Wir wissen einiges durch drei Briefe, die M. L. in dieser Zeit geschrieben hat.
M. Luther litt seit dem Sommer 1527 an einem Nierenleiden. Heute würden die Ärzte eine psycho-somatische Ursache diagnostizieren. Die Kämpfe waren Luther an die Nieren gegangen.
Außerdem machte dem Reformator „eine Schwachheit seiner Lebensgeister“ zu schaffen. Mit anderen Worten: M. L. hatte Depressionen. Und dahinein passierte 1527 noch etwas ganz Furchtbares:
In Passau wurde am 16. August zum ersten Mal in Deutschland ein Anhänger Luthers auf dem Scheiterhaufen verbrannt. Wie 112 Jahre früher Jan Hus in Konstanz. Dieser Mann hieß Leonhard Kaiser. Fünf Tage später schreibt M. L. an seinen Freund Johann Agricola:
„Gnade und Friede in Christus!
Ich danke dir, mein lieber Agricola, für den Trost, den du mir dadurch gespendet hast, dass du schreibst, eure Gemeinde sei besorgt und bete für mich; der Herr tröste auch euch in eurer Anfechtung.
Und ich bitte, lasst nicht ab, mich zu trösten und für mich zu beten, denn ich bin elend und arm (Ps. 85,1) …
Der Satan wütet von selbst mit all seiner Macht gegen mich. Und der Herr hat mich ihm zum Zeichen gesetzt. Und er versucht mich durch eine ungewöhnliche Schwachheit meiner Lebensgeister.
Meine Hoffnung liegt darin, dass mein Kampf für viele Christen von Bedeutung ist.
Wohl gibt es nichts an Übeln, dass meine Sünden sie nicht verdient hätten. Mein Leben steht aber darauf, dass ich weiss, wer mein Erlöser ist. Ich habe das Wort Christi lauter und rein gelehrt zur Rettung vieler. Und das ist es, was den Satan toben lässt. Er möchte so gern, dass ich mit samt dem Wort vernichtet würde und zugrunde gehen sollte.
So kommt es, dass ich von den Tyrannen dieser Welt gar nichts leiden muss, wo doch andere getötet und verbrannt werden und um Christi willen sterben.
Um so mehr aber leide ich im Geist unter dem Teufel, dem Fürsten dieser Welt!“
M. L. rechnet ganz klar und ganz selbstverständlich mit der Macht des Teufels. Seine körperlichen und seelischen Schwächen erfährt er als Angriff des Satans. Und er will diesem nicht nachgeben.
Am 22. Oktober schreibt er an Michael Stiefel:
„Ich habe deinen Bericht über Leonhard Kaiser erhalten, aber inzwischen auch von seinen Verwandten alles Handschriftliche selbst. Ich will es auch bald ans Licht bringen (veröffentlichen).

Im übrigen bete du für mich, der ich so vom Engel des Satans mit Fäusten geschlagen werde (2. Kor. 12,7), dass Christus mich nicht verlasse. Ich bin Leonhard so ungleich. Wer wird mich würdig machen, dass ich den Satan besiegen kann?
Bete für mich, dass Christus dafür sorgen möge, dass wir auch Leonhard nacheifern. Nicht nur König, sondern Kaiser wird er verdientermassen genannt. Denn er hat den besiegt, dessen Gewalt keine andere gleicht auf Erden."

Im Herbst 1527 leben in dem großen Haus Luthers, in dem früheren Augustinerkloster in Wittenberg, neben M. L. und seiner schwangeren Frau Käthe und dem Sohn Hänschen auch noch viele Freunde mit ihren Frauen und Familien. Nun geht in Wittenberg die Pest um.
Da schreibt der Reformator am 1. Nov., 10 Jahre nach dem Thesenanschlag, an seinen Freund Nikolaus von Amsdorf in Magdeburg:
„In meinem Hause ist allmählich ein Hospital entstanden. Augustins Frau Hanna hat die Pest in sich gehabt. Sie kommt aber langsam wieder zu Kräften. Margarethe von Mochau hat uns durch ein verdächtiges Geschwür und andere Anzeichen Angst gemacht. Aber sie wird auch wieder gesund. Ich fürchte sehr für meine Käthe. Ihre Niederkunft ist nahe. Und Hänschen ist seit drei Tagen krank. Er isst nichts und fühlt sich sehr unwohl. Man sagt, Käthe und Hänschen seien in großer Gefahr. Des Kaplans Georgs Frau, die selber unmittelbar vor ihrer Niederkunft steht, ist von der Pest ergriffen worden. Alle sind versucht, dass wenigstens das Kind gerettet werden kann... So sind um mich herum Kämpfe. Und in mir sind große Ängste, sehr bittere. Christus sucht mich heim. Es bleibt nur ein Trost, den wir dem wütenden Satan entgegensetzen können: Dass wir wenigstens das Wort Gottes haben, um die Seelen der Gläubigen zu retten, wenn auch der Satan die Leiber verschlingt.
Darum betet für uns, dass wir die Hand des Herrn tapfer ertragen und des Satans Macht und List besiegen..."

In dieser Zeit hat nun M. L. dieses Trostlied für leidende, angefochtene und kranke Menschen geschrieben. Es war also zunächst kein Schutz- und Trutzlied der Reformation, sondern ein sehr privat angelegtes Lied gegen die List des Teufels im angefochtenen Menschenleben!
Wir singen jetzt die Strophen eins bis drei!
Es mag sein: Manche Worte und Vorstellungen Luthers sind uns unverständlich. Vielleicht sogar fremd und anstößig. Dass M. L. in allem handfest den Teufel am Werk sieht. Luther war gewissermaßen ein Mensch zwischen Gott und dem Teufel. Luther sah den Teufel überall am Werk. Er warf Tintenfässer nach ihm und er zeigte ihm sein Hinterteil zum Zeichen dafür, dass der Teufel ihn mal könnte...
Luther kämpfte gegen den Teufel. Und er wollte sich nicht unterkriegen lassen. Schließlich war doch Gott seine „feste Burg"!

Wir können heute vielleicht nicht unbedingt Luthers Auseinandersetzung mit dem Teufel teilen. Aber wenn wir die Gedanken aus den Briefen hören, dann merken wir, wie stark Luther angefochten gewesen ist. Er hat dagegen gekämpft. Und er hat eben mit dem Kampf gegen den Teufel einen Ausweg gefunden, um in die Schutzburg Gottes zu fliehen. Gott war für ihn die feste Burg. Gott hat ihm durch sein Wort den rechten Weg gezeigt. Auch wenn M. L. in dem Herbst nicht als der Glaubensheld erfahren wird. In seiner Schwachheit ist er nicht hilflos und wehrlos. Und er ist auch nicht Gott-Los. Luther stärkt sich und sein ganzes Haus mit diesen wunderbaren Gedanken.

Gott ist nicht unendlich weit weg. Gott ist greifbar nahe. „Fragst du, wer er ist? Er heißt Jesus Christ!" Der Allmächtige, der als ferner Gott geglaubte Herr des Himmels und der Erde, der Schreckliche und Erhabene, der unsichtbare und unverfügbare Gott, der kommt uns nahe in dem Mann aus Nazareth! Ein Mensch, der wie Hiob zu leiden hatte. Ein Mann, der die „Schwachheit der Lebensgeister" Luthers gut verstehen kann. Und wer auch immer den sonst so kräftig auftretenden M. L. anficht, ob Satan oder Welt, ob Papst oder Krankheiten: Ein Wörtlein kann sie fällen! Jesus...

Können wir solches auch nachvollziehen? Haben wir mit diesem Lied Luthers und mit dem Heiland Jesus auch solche Erfahrungen gemacht? Erkennen wir die Kraft dieses Wörtleins?

Das war im II. WK. An der russischen Front standen sich deutsche und russische Soldaten gegenüber. Sie krochen aufeinander zu. Plötzlich treffen zwei aufeinander. Und anstatt den anderen niederzumachen, ruft der russische Soldat: „Jesus!" Und der deutsche Soldat hört diesen Namen. Er greift nicht zum Gewehr. Er weicht sofort zurück. Das eine Wörtlein hat sie beide gerettet!

Zum Schluss noch einige Zeilen Luthers aus einem späteren Brief an einen jungen Kirchenmusiker, Matthias Weller:

„Ehrbarer, günstiger Freund! Es hat mir euer lieber Bruder berichtet, dass ihr sehr bekümmert seid und Anfechtung und Traurigkeit leidet.

Wenn denn Gott will, dass einer den anderen trösten und ein jeglicher dem Trost glauben soll, so lasst eure Gedanken fahren und wisset, dass euch der Teufel damit plagt, der nicht leiden kann, dass wir einen fröhlichen Gedanken haben.

Darum, wenn ihr traurig seid, und es will überhand nehmen, so sprecht: 'Auf! Ich muß meinem Herrn Christus ein Lied machen, denn die Schrift lehrt mich, er höre gern fröhlichen Gesang und Saitenspiel.' Und greift frisch in die Tasten und singet drein, bis die Gedanken vergehen. Kommt der Teufel und gibt euch eure Sorgen oder Gedanken ein, so wehrt euch frisch und sprecht: 'Aus, Teufel; ich muss jetzt meinem Herrn Christus singen und spielen.'

So müsst Ihr euch wahrlich ihm widersetzen lernen und nicht gestatten, dass er euch Gedanken macht. Denn wenn ihr einen einlasst und ihm zuhört, so treibt er euch wohl zehn Gedanken hintennach, bis er euch übermannt hat. Darum nichts besser, denn

flugs im ersten auf die Schnauze geschlagen! Und wie jener Ehemann tat, wenn seine Ehefrau anfing zu nagen und zu beißen, nahm er die Pfeife unter dem Gürtel hervor und pfiff getrost; da war sie zuletzt so müde, dass sie ihn zufrieden ließ. Ebenso greift auch ihr in die Tasten oder nehmt gute Gesellen und singt dagegen, bis ihr lernt ihn spotten.
Und derselbige Herr, der mich's hat geheißen, was ich aus Gehorsam gegen Gott tun muss, gebe euch, das alles zu glauben, und spreche das alles in euer Herz, was ich in Euer Ohr hiermit spreche. Amen."
Soweit Luther. War er der Erfinder der Musiktherapie? Seine Lebenserfahrung in der eingenen Traurigkeit ist anderen zum Beispiel geworden. Denn „Das Wort sie sollen lassen stahn..."

EG 362,4

Nach Harald Storz, Liedpredigten zu den Gottesdiensten im Kirchenjahr, S.181ff

Predigt
Predigttext: Ex. 3, 1-14
Lesung: Mt. 17, 1-9
Der offenbare Gott 'Jahwe' – Eine Erzählpredigt

Lieder:	EL	394, 1-4	Nun aufwärts froh
	PS 100:	753	Jauchzet dem Herrn alle Welt
	LL	394, 5	Drum aufwärts froh
	HL	67, 1-3	Herr Christ, der einig
	PL	71, 1+3+6	O König aller Ehren
	SL	74, 3+4	Du ewge Wahrheit, Gottes Bild

LITURGIE:
Begrüßung
Lied 449, 1-3
Votum
Liturgischer Gruß
Aus Psalm 100: 753
Orgel: Ehr sei dem Vater und dem Sohn...
Wir beugen uns vor Gott und beten:
Barmherziger Gott! Komm in unser stolzes Herz, Herr mit deines Lichtes Fülle, daß nicht Hochmut, Angst und Schmerz deine Wahr-heit uns verhülle, die auch noch in tiefster Nacht Menschenherzen glücklich macht. Herr, erbarme dich!
So tröstet uns die Hl. Schrift:
Jesaja spricht: Über dir geht auf der Herr, und seine Herrlichkeit erscheint über dir!
Ehre sei Gott in der Höhe...
Loblied

Kollektengebet:
Barmherziger und ewiger Gott und Vater, du hast das Licht in unsere Welt gesandt, damit wir dem Bösen widerstehen können und deine Herrlichkeit mit Wort und Tat bezeugen können. Schenke uns dazu deine Kraft durch unseren Herrn Jesus Christus, der mit dir und dem Hl. Geist lebt und regiert von Ew. zu Ew. Amen

Predigt:
Er bückte sich. Er sammelte die Scherben auf. Er legte die Bruchstücke auf den Stein. Er versuchte, sie zusammenzusetzen. Vergeblich. Da packte ihn wieder der Zorn. Er schleuderte die beiden großen Schieferstücke gegen den Felsen. Sie brachen in kleine Stücke
Nein, das hätten sie niemals tun dürfen. Es ist ein halsstarriges Volk.
Haben sie denn gar nichts gelernt?
In seinem heiligen Zorn hatte er, Mose, die Gesetzestafeln zerschmettert. Dieses Volk war es nicht wert. Die wichtigste Regel hatten sie gebrochen, noch ehe sie ihnen vorlag.
Mit leeren Händen stand Mose nun da. Zornig. Gelähmt von dem Gefühl der Ohnmacht. Sie hatten es nicht verdient! Nein, sie hatten es nicht verdient, Gottes Volk zu sein. Wie konnte sein Bruder nur darauf sich einlassen! Ein Stierbild aus Gold. Widerwärtig. Eine Gotteslästerung. Nein, sie hatten es nicht verdient!
Da blieb Moses Blick hängen an einem Strauch. Er erschak! Sein Herz fing an, laut zu klopfen. War das nicht...?
Ja, hier war es! Hier muss es gewesen sein.
Hastig rannte Mose zum Strauch. Ein Strauch mit roten Blüten. Der verdorrte Baum gegenüber gab ihm die letzte Gewissheit: Hier hatte es angefangen, genau hier!
Mose zog wie damals seine Schuhe aus. Er horchte. Doch keine Stimme rief seinen Namen. Aber die Erinnerungen stiegen in ihm hoch. Die letzten sechs Monate zogen an seinem inneren Auge vorüber.
Gott hatte geredet: „So geh nun hin, dass du mein Volk Israel aus Ägypten herausführst." Er schloss die Augen. Ja, so hatte es begonnen. So hatte die Geschichte Gottes mit seinem Volk begonnen: „...dass du mein Volk Israel aus Ägypten herausführst."
Er erinnerte sich noch genau! Gott hatte gesagt: Aus Ägypten, aus dem Sklavenhaus! Und Gott hatte hinzugefügt: „Ich habe ihr Elend gesehen und ihre Klage gehört."
Der schwere Gang zum Pharao. Er, Mose, seit Jahren ein steckbrieflich gesuchter Mörder. Er musste hin. Welche Chancen hatte er denn? - Und dann doch die Nacht der Befreiung, nach den vielen Plagen, nach dem vielen Leid, welches über die Menschen gekommen war durch den Starrsinn des Pharao. Und dann Passah. Der Jubel über die Freiheit. Die Flucht aus dem Sklavenhaus.
Hier am Dornenstrauch hatte alles begonnen!
Aber kurze Zeit nach dem Auszug dann. Die verzweifelten Schreie der Frauen und Männer. Vor ihnen das Meer. Hinter ihnen die Streitmacht der Ägypter.

Wer läßt schon so viele Arbeiter einfach wegziehen?! Und Gott hatte sie wieder befreit aus dieser schrecklichen Lage. Er teilte das Wasser. Und das Volk zog trockenen Fußes durch das Meer!
Wenige Wochen später die dritte Etappe. Und da fiel es Mose wie Schuppen von den Augen: Immer wieder stand die Frage im Raum: Warum hast du uns aus Ägypten herausgeführt? Wären wir doch dort geblieben. Wir hatten Wasser und Fleisch. In der Sklaverei hatten wir wenigstens keine Not! Warum, Mose, warum?
Ist das nicht die Grundfrage, vor die wir immer wieder gestellt sind?
Warum dieser Weg? Warum diese Krankheit? Warum diese Krise?
Warum dieses Schicksal?
Und damit verbunden der sehnsüchtige Wunsch: Es könnte doch auch anders sein: Schöner, leichter, bequemer!
WARUM HAST DU UNS HERAUSGEFÜHRT???
Mose war immer mehr in sich zusammengesunken. Warum wurde ich in diese Welt geboren? Warum wurde ich aus dem Nil gerettet? Warum hatte ich ein königliche Stiefmutter? Warum wurde ich von Gott berufen?
Ist nicht das ganze Leben ein ständiges Herausgeführtwerden?
Mose stutzte. Er richtete sich auf. Er sah den blühenden Strauch. Hatte Gott nicht zuerst gesagt: „Ich werde mein Volk herausführen!"
Und erst dann hatte er gesagt: „Du sollst mein Volk herausführen!"
Hatte er den ersten Teil vergessen und sich nur noch an das DU SOLLST erinnert? Wie wichig hatte er sich genommen!
Er wischte mit der Hand die Scherbenreste vom Stein. Dann setzte er sich. Er redete mit sich selbst:
„Was konnte ich denn damals schon machen? Alle wollten sie nach Ägypten zurück. Sie hatten übertrieben und von den 'Fleischtöpfen Ägyptens' geredet. Was sollte ich denn machen? Sie hatten Angst. Und die Angst lähmte die Beine. Sie hatten nichts zu essen. Da sagte ich ihnen: Sammelt die Harztropfen vom Strauch der Berberitze! Fangt die müde gewordenen Wachteln. Ich kannte das doch aus der Zeit, als ich die Schafe meines Schwiegervaters in der Wüste gehütet habe. Die Wüste hat viel Nahrung. Man muss sie nur kennen. So hat uns Gott jeden Tag den Tisch gedeckt. Mehr konnte ich nicht tun."
Aber ohne mein Wort und ohne meine Lebenserfahrung wären sie alle verhungert. Sie wären nie wieder auf die Beine gekommen.
Und als auf der vierten Etappe das Wasser ausging... Gott hatte mir gesagt: Schlag deinen Stab an den Felsen. Da, in der Tat, ich hatte eine Wasserader getroffen!
Ist nicht alles Leben ein 'Von-Gott-geführt-Werden'?!"
Und Mose schämte sich, diesen Gedanken zuzulassen:
„Und wie oft sträuben wir uns gegen Gottes Führung?!"
Ein Bleibenwollen in der Angst, in der Bequemlichkeit des alten und vertrauten Lebens, ist doch so sehr verständlich. Das Leben in der Unfreiheit hatte doch auch angenehme Seiten!

Führe mein Volk heraus! Erst jetzt wurde Mose der tiefe Widerspruch bewußt: Gott hatte gesagt: Ich werde mein Volk befreien! Er, Mose, war ja nur ein Finger an Gottes langem Arm! Gut, er ist zum Pharao gegangen, klopfenden Herzens. Gut, er hat den Stab über das Wasser gehalten. Gut, er hat an die Felswand geschlagen.

Aber immer war doch das Wort des lebendigen Gottes voraus gegangen! Immer hat Gott gehandelt! Immer hat ER ihn erstaunen lassen!

Mose erinnerte sich an die Technik der Ägypter. Wie sie das Wasser des Nils mit Hilfe von Wasserrädern auf ihre Felder geleitet haben. Wer zu bequem war, dessen Kürbisse sind vertrocknet. Ist Gottes Kraft wie so ein Wasserstrom? Ist sein Tun mit dem Stab eine Art des Anzapfens dieses lebensspendenden Wassers?

Braucht Gott Menschen wie ihn, Mose, um seine Hilfe auf Erden wirklich ankommen zu lassen?

O ja, er hatte immer Angst. Wird Gott sein Wort erfüllen? Was geschieht, wenn er es nicht tut? Wenn der Fels kein Wasser bringt?

Gottes Auftrag war doch immer eine Zumutung. Es war die Zumutung, aus dem Glauben heraus zu handeln. Gegen alle Vernunft. Und doch mit Mut und Hoffnung.

Mit dem Auftrag hatte ihm Gott auch die Kraft gegeben.

Hatte er mit Hilfe seines Schwiegervaters dann doch auch aus seiner Ohnmacht herausgefunden. Und auch seine Frau. Sie stieß in der Wüste dazu. Sie hatte ihm geholfen, ganz auf Gott zu vertrauen.

Wieder sah Mose den roten Busch. Er glühte in der Abendsonne, ohne zu verbrennen.

Die Tränen traten Mose in die Augen. Er erinnerte sich: Das Feuer damals hatte den Busch nicht verbrannt.

Dieses Feuer ist vielmehr auf ihn selbst übergesprungen. Und er rief:

„Danke, ewiger Gott, danke, dein Feuer glüht immer noch in mir. Dein Tun macht mein Handeln nicht überflüssig!“

Mose bückte sich. Er sammelte einige Splitter der zerschmetterten Tafeln auf und sagte: „Ewiger Gott. Lass es auch für meinen Zorn gelten, dass er brennt, ohne mich zu verbrennen. Ich spüre deine Nähe Du hast uns immer wieder wunderbare Wege geführt. Aus dem Sklavenhaus in die Freiheit. Aus der Todesangst ins Leben. Aus der Not in den Überfluss. Aus der Müdigkeit in die Kraft. Auch heute weiß ich keinen Ausweg. Die Menschen sind geblendet durch das Gold. Sie tanzen um das goldene Kalb. Sie spüren nicht einmal ihre Verblendung. Als hätte dieser Götze ihnen die Freiheit geschenkt!“

Mose hob ein weiteres Stück Schiefer auf. Er setzte drei Splitter zusammen und las: „Ich bin der Herr, dein Gott...“ Und er fügte hinzu aus dem Gedächtnis: ...der dich aus Ägyptenland geführt hat!

Danke, betete Mose nun. Danke, du hast mich an den Anfang erinnert

Ich werde immer wieder zurückkommen an diesen Ort des Anfangs. An diesen heiligen Ort.

Und wie damals verhüllte er mit beiden Händen sein Gesicht. Er verneigte sich tief. Danke sagte er beim Aufstehen. Danke für den Ruf aus dem brennenden Busch.

Dann suchte er die Schieferstücke zusammen und nahm einen neuen großen Stein. Und er ritzte die Erinnerungen hinein, die Erinnerungen an den Anfang von Gottes Geboten. Dabei fiel ihm ein: Sebulon hatte es gesagt, der alte Mann aus Juda: „Das Leben muss vorwärts gelebt, aber rückwärts verstanden werden."

Ja, sagte Moses, wenn mich die Angst überfällt, werde ich mich an den Anfang erinnern. Und er ging erneut ans Werk, um Gottes Gebote seinem Volk zu bringen.
Amen.
Quelle: Pastoralblätter Heft 1/1999

Predigt vom 7. Oktober 2007
Predigttext: Ex. 20, 1-17
Lesung: Mk. 12, 28-34

Lieder:	EL	168, 1-3
	LL	590, 1-5
	HL	347, 1-3
	PL	295, 1+3
	SL	347, 4-6

Liebe Gemeinde!
Lassen Sie mich heute ein wenig träumen!
Was wäre wenn... ab 1. November 2007 alle Menschen diese Gebote unseres Gottes einhalten würden?
Spontan fällt dazu einem Schüler ein: „Da gäbe es keinen Krieg mehr!" Die Gefängnisse würden geschlossen! Die Gerichtssäle würden in Kinos umgebaut. Die Panzerscheiben in den Banken würden beseitigt. In den Städten könnten Frauen auch nachts auf die Straße. Neid würde ein Fremdwort. Waffen würden Schrott. Keiner schwört und flucht mehr. Gott, der Barmherzige, hätte keine Konkurrenz mehr.
Das wäre ein wirklich schöner Traum. Unser Leben wäre total anders!
In mein Träumen hinein platzen die harten Realitäten. Wir sehen sie in den Medien. Hass, Gewalt, Überfall, Terrorismus, Betrug, Ehebruch und menschenunwürdiges Verhalten.
Sind wir mit den 10 Geboten von einem anderen Stern?
Sind wir mit unseren Träumen nicht mehr von dieser Welt?
Ehrlich gesagt: Die 10 Gebote sind wirklich nicht von dieser Welt. Die 10 Gebote sind von Gott. Und Gott gibt darin sein Programm bekannt. Gott will eine Welt, die gerecht ist. Gott will mit den 10 Geboten seine Vision von der Würde des Menschen und von seiner geliebten Erde deutlich machen!
Die 10 Gebote Gottes sind in die Weltliteratur eingegangen. Man kann sie ganz leicht an den 10 Fingern abzählen. Der Inhalt ist einfach und von jedermann zu verstehen. Es steckt ein Menge Erfahrung hinter diesen Gottesweisungen. Diese Sätze sind die Einladung unseres Gottes zu einem sinnvollen Leben und zu einem wohltuenden Zusammenleben auf dieser Erde. Es sind nicht nur Gebote, sondern Hilfen zum

Leben. Mit ihnen könnte unser aller Leben gelingen. Sie geben die Freiheit, Unnötiges zu unterlassen. Sie machen es möglich, dass wir Sinnvolles tun.
Statt sich im Traum zu ergehen, kann man auch das Leben und die Wirklichkeit unseres Zusammenlebens absuchen. Dabei kannst du vieles entdecken:
Die 10 Gebote haben schon Sozialgeschichte geschrieben. Sie haben Einfluss auf die Wirtschaft gehabt. - Die legendäre Ehrlichkeit der hanseatischen Kaufleute kam durch ihre Treue zum Kleinen Katechismus von Martin Luther. Jede kleine Schieberei, jeder große Betrug wurden verabscheut. Man hatte keine Lust am Gerede über andere Leute. Man trauerte, wenn Ehen zerbrochen sind. Man liebte den Sonntag als großen Tag der Ruhe.
Allein aus dem ersten Gebot erwächst eine große Freiheit. „Du sollst Gott über alles lieben." Diese Liebe befreit von den vielen anderen Göttern, die Wind und Wetter, Launen und Stimmungen oder gar Erfolg und Mißerfolg beherrschen. Wenn du dich auf einen Gott beschränken kannst, kannst du dich mehr deinen Mitmenschen zuwenden. Selbst die Freiheit, ohne Gott leben zu können, verdanken wir diesem ersten Gebot.
Gottes Gebote setzten Visionen frei. Sie haben in dem Wunsch der Realisierung schon viel Segen bewirkt. Und ihre Einhaltung erfordert nicht einmal übermäßig viel Kraft!
Es ist doch wirklich nicht schwer, den Namen Gottes in Ehren zu halten und auf gotteslästerliches Fluchen zu verzichten.
Es ist doch nicht schwer, am Sonntag auf das Arbeiten zu verzichten. Du kannst den Gottesdienst und die Familie genießen.
Es ist natürlich, zu den Eltern einen guten Kontakt zu halten und ihrer dankbar zu gedenken.
Es ist in aller Sinn, den Mitmenschen ihr Leben zu gönnen und über gute Ehen froh zu sein.
Es ist gemäß dem Grundgesetz unseres Landes, wenn wir den anderen Menschen ihr Eigentum lassen, wenn wir die Wahrheit sagen und wenn wir unseren Neid begrenzen und niemandem etwas ausspannen.
Alles,was genannt ist, kann man verwirklichen.

Und doch haben die 10 Gebote einen visionären Charakter:
Gehen wir in der großen Pause auf den Schulhof einer Schule. Das, was da zu hören ist, spricht gegen die Gebote. Da wird gelogen und übertrieben. Da wird aufgetrumpft. Da wird betrogen und gemobbt. Und wenn es um die Wahrheit geht, dann siegt die Lüge bis in die Chefetagen hinein. Die Würde des Menschen ist unantastbar. Aber sie wird angetastet von denen, die um ihrer Lust willen junge Mädchen würgen, töten und vergewaltigen. Die Würde wird angetastet von Menschen, die Kinder mißbrauchen oder Ausländer jagen.
Das ist die traurige Wirklichkeit!

Die 10 Gebote müssen immer wieder erinnert werden. Sie müssen gelernt werden. Sie müssen diskutiert werden. Jede und jeder sollte sie gut kennen.
Die 10 Gebote wollen Lebensmöglichkeiten eröffnen. Lebensmöglichkeiten, die anzeigen: Wo und wie kann es zwischen Gott und den Menschen gut sein. Und vor allem, wie kann es zwischen den Menschen gut gehen!
Es geht doch nicht darum, daß die 10 Gebote uns nur unsere Fehler vorhalten wollen. Nein, sie wollen Ordnung in unser Leben bringen. Ein altes weises Wort der Mönche sagt: Halte die Ordnung! Und die Ordnung hält dich!
Wollte man die 10 Gebote zusammenfassen, ganz kurz, dann könnten folgende 10 Sätze für uns ausreichen:
E i n Gott reicht dir.
Gottes Name ist k o s t b a r.
Du darfst einmal in der Woche f r e i haben.
Jemand sorgt für dich.
Auch der andere darf leben.
E i n Partner ist genug.
Du besitzt schon sehr viel.
Du darfst die Wahrheit sagen.
Dem anderen soll auch etwas gehören dürfen.
Jeder Mensch braucht eine Existenzgrundlage.

Die 10 Gebote, ein altes Thema, noch heute brauchbar! Amen.

Predigt
Predigttext: Dt. 7,6-12
Lesung: Mt. 28, 16-20 6. So. post Trinitatem

Lieder:	EL	503, 1-3+8
	PS	771 (139)
	LL	327, 3
	HL	200, 1-4
	PL	361, 1-3
	SL	580, 1-3

Wir beugen uns vor Gott und beten!
Ewiger und barmherziger Gott, du hast uns in der Taufe angesprochen und den Weg des Lebens gewiesen.
Du hast uns Zeichen deiner Nähe geschenkt.
Du hast gnädig deine Hände über uns gehalten.
Du hast uns mit deinen guten Gaben beschenkt.
Wir aber haben deine Liebe zu uns übersehen und unseren Mitmenschen wenig beachtet.
Wir sind an dir und aneinander schuldig geworten.
Deshalb bitten wir dich: Herr, erbarme dich!

So tröstet uns die Heilige Schrift mit den Worten des Apostels Paulus:
Ist jemand in Christus, so ist er eine neue Kreatur. Das Alte ist vergangen. Siehe Neues ist geworden! Ehre sei Gott in der Höhe...
Kollekte:
Jesus Christus, du bist das Tor zum Leben. Du lädst uns dorthin ein, wo das Leben gedeihen kann. Du hast uns durch die heilige Taufe einen weiten Raum eröffnet. Raum, wo sich Leben entfalten kann. Gib, dass wir mutig vorangehen und viele Menschen mitnehmen, damit sie das Leben finden können. Dies bitten wir durch Jesus Chr. unseren Herrn, der mit dir und dem hl. Geist lebt und regiert in Ew.

Liebe Gemeinde!
Was bindet uns eigentlich an Gott?
Könnten wir nicht auch ohne ihn auskommen?
Viele Menschen meinen ja: Gott ist nicht nötig. Der Mensch kann selbst über sein Leben bestimmen. Der Mensch ist mündig genug, sich selbst zu verwirklichen. Jeder kann ja sein Leben selbst gestalten
Nun: Was bindet uns an Gott? Warum glauben wir an ihn? Wollen wir gern abhängig sein? Einem mündigen Menschen heute zu vermitteln, dass er ein Kind Gottes ist, das ist nicht leicht. Und was die Taufe angeht, so sind heute viele Christen der Meinung, dass eine Taufe im Kleinkindalter nicht infrage kommt. Die Kinder sollen doch selbst entscheiden, ob sie das wollen oder nicht.
Aber werden wir damit unserem Auftrag als Erzieher gerecht?
Wir setzen doch unsere Kinder auch nicht ohne Leitlinien ins Leben und sagen: „Sie mal zu, wie du klar kommst!“
Wir vermitteln doch sehr wohl und selbstverständlich die Normen und Regeln, die wir auch befolgen! Warum dann in der Frage der Religion?
Gott hat mit uns einen Bund geschlossen. Und wir sind durch die Taufe Gottes Kinder, gebunden an Jesus. Wir sind Gottes Kinder durch die Gnade der Taufe! Gott ist der erste, der an uns gehandelt hat nach dem Wunder unserer Geburt. Und eigentlich ist durch die Taufe Gott für uns keine fremder und allmächtiger Gott, sondern er ist unser ganz persönlicher Gott. Wie hat nicht Thomas gesagt: „Mein Herr und mein Gott!“
In meiner Schulzeit in Dresden hatten wir außerhalb der Schule Kirchlichen Unterricht, Christenlehre. Unsere „Katechetin“, also unsere Christenlehrelehrerin, hat es verstanden, uns Kindern die eigene Taufe ganz lieb zu machen. Jedesmal, wenn jemand aus unserer Klasse seinen Tauftag hatte, wurde ein Tauflied gesungen. Und dieses Tauflied hatte folgenden Text:
Ich bin getauft, ich steh im Bunde durch meine Tauf mit meinem Gott! So sprech ich stets mit frohem Munde in Kreuz, in Trübsal, Angst und Not. Ich bin getauft, des freu ich mich. Die Freude bleibet ewiglich.
In einer von den neun Strophen heißt es:
...greift ihr ein Gotteskind nur an, so glaubt, dass Gott es schützen kann!

Wenn ich am Samstag Abend nach Hause musste. 20 Minuten Fußweg durch einen unheimlichen Wald. Manchmal torkelnde Betrunkene vor mir. Und ich habe mich gefürchtet...
Dann habe ich dieses Lied gesungen. Dieses Lied hat mir Mut gemacht. Gott hat ja seinen Bund mit mir gemacht. Ich spürte im Innern: Ich bin behütet.
Eine ähnliche Wirkung hatte auch das Lied: Weil ich Jesu Schäflein bin...
Das letzte Lied steht wieder in unserem Gesangbuch. Das erste leider nicht mehr.
Ja, was bindet mich an Gott? Ich kann das nur ganz persönlich sagen. Deshalb muss ich da von mir reden. Ich muss davon reden, dass ich schon oft erlebt habe, wie mir Gott die Kraft geschenkt hat, die ich für meinen Beruf brauchte.
Wie Gott mir geholfen hat, meine Ängste zu überwinden, damals in meiner Kindheit, bis zum heutigen Zeitpunkt.
Warum will Gott Menschen zu seinen Bundespartnern?
War das Volk Israel denn so ein besonderes Volk? Waren die alten Israeliten frommer oder heiliger als alle anderen Völker der Erde?
Es gibt nur eine Begründung: Weil er sie geliebt hat!
Gottes Liebe ist der Grund, warum wir Gottes Kinder sein dürfen.
Gottes Liebe ist die Ursache dafür, dass wir glauben dürfen.
Gottes Liebe ist die Kraft, die unsere Welt verändern will.
Gottes Liebe ist die Macht, die uns berührt im Herzen.

Unser Bibelwort belegt diese Liebe Gottes mit dem Hinweis auf die Geschichte: Dem Auszug aus der Sklaverei in Ägypten und mit dem Bundesschluss am Berg Sinai.
Auch wenn die Menschen oft unzufrieden gewesen sind mit Mose und mit Gott, es steht hinter allem ein liebevoller Rettergedanke des Gottes, der es durchaus nicht nötig hätte, sich an ein Volk zu binden.
Was kann man daraus ablesen?
Unser Glaube braucht eine persönliche Beziehung zu Jesus!
Gott ist unser liebevoller und gütiger Vater. Und wenn wir danach fragen, was uns an ihn bindet, dann muss ich sagen: Wir sind gebunden an diesen Gott durch unseren Heiland Jesus Christus. So, wie wir eine persönliche Beziehung haben zu Eltern und Kindern, so sind wir gebunden an Jesus.
Wir glauben an Jesus als den wahren Erlöser. Und wir lassen den Heiligen Geist als unseren Beistand und Tröster wirken.
Und immer wieder ist es die Liebe. Sie ist die Grundlage unserer Gottesbeziehung.
Ja, an der Liebe Gottes zu uns Menschen entscheidet sich im Glauben alles.
Es gibt ein Buch im Rauhen Haus in Hamburg.
Aber was ist die Liebe?
Es gibt eine Reihe von Gedanken, die das sehr schön negativ wie positiv verdeutlicht.
Dort heißt es:
Pflicht ohne Liebe macht verdrießlich. Ich will es gern positiv ergänzend sagen:

Pflicht mit Liebe geschieht froh und macht glücklich.

Verantwortung ohne Liebe macht rücksichtslos.
Verantwortung mit Liebe nimmt wirklich Rücksicht.
Gerechtigkeit ohne Liebe macht hart.
Gerechtigkeit mit Liebe macht uns menschlich.
Klugheit ohne Liebe macht gerissen,
Klugheit mit Liebe macht erfinderisch.
Freundlichkeit ohne Liebe ist Heuchelei.
Freundlichkeit in Liebe gebettet schafft menschliche Wärme.
Ehre ohne Liebe macht hochmütig.
Ehre mit Liebe bleibt bescheiden.
Besitz ohne Liebe macht geizig.
Besitz und Wohlstand mit Liebe macht großzügig.
Glaube ohne Liebe macht fanatisch.
Glaube mit Liebe schafft Leben und Hoffnung.
So ist ein Leben ohne Liebe oft Krampf.
Aber ein Leben mit Liebe ist das wahre Leben,
wie es Gott sich ausgedacht hat.
Denn Gott ist die Liebe!

Also: Nur Liebe führt uns heraus aus Verdrießlichkeit. Liebe führt uns heraus aus Rücksichtslosigkeit. Härte und Gerissenheit, Heuchelei und Kleinlichkeit, Hochmut und Geiz, Fanatismus und Herrschsucht, aus allem führt uns die Liebe heraus.
Und das ist uns von Gott her geschenkt, durch seine väterliche Liebe.
Diese Kraft der Liebe will Gott uns auch schenken. Das ist seine Selbstverpflichtung. Das ist sein Bund.
Ein Mensch kann sich selbstverständlich vom Heil Gottes ausschließen. Aber Gott tritt nicht zurück von seiner Treue.
Wie oft haben wir schon den Kontakt verloren?
Wie oft sind wir lau im Beten, nachlässig in der Liebe und zurückhaltend im Geben?
Trotzdem sagt Gott bei Jesaja: „Es sollen wohl Berge und Hügel weichen, aber meine Gnade soll nicht von dir weichen, noch der Bund meines Friedens soll von dir gehen."
Nur: Wer Gott hasst, der schließt sich selbst aus. Und er kann Gottes Konsequenzen zu spüren bekommen. Denn „Gott vergilt ins Angesicht denen, die ihn hassen!"
Ist das nicht eine passende Aussage?
Schauen wir in die Gesichter derer, die Gott nicht brauchen. Wo ist da das Strahlen? Wo ist da die Freude? Da bestimmt der Alltag den Ausdruck des Gesichtes. Da sind Sorgen zu Hause. Und der Lottogewinn ist die größte Sehnsucht des Lebens. Alles Glück wird in irdischen und materiellen Gütern gesucht.
Zeichne ich zu schwarz? Es gibt auch traurige Christen! Es gibt auch sorgenvolle Kirchgänger!
Aber der Glaube an Gott macht uns dankbar.

Und aus der Dankbarkeit kommen Freude und Gelassenheit.
Eine innere Ruhe, mit der wir uns der Dichtung Paul Gerhardts widmen können.
Weil Gott sich an uns bindet, deshalb will ich diese Bindung nicht aufgeben. Ich kann mich ihm anbefehlen.
Du auch? Du bist doch getauft auf seinen Namen!
Das bindet uns an Gott!
Amen.

Predigt
Predigttext: 5. Mose 28, 1-12
„Der Tag ist seiner Höhe nah“
Lesung: Ps. 104,1-24+27+28+31+35c

Lieder:	EL	499, 1-3	(Erd und Himmel sollen singen)
	Texte der Besinnung und des Lobes (Lesung + Chor)		
	HL	508, 1-4	(Wir pflügen und wir streuen)
	PL	457, 7-12	(Er segnet, wenn du kommst und gehst)
	SL	175 K	(Ausgang und Eingang)

Liebe Gemeinde!
Jochen Klepper ist kein Vorzeigechrist. Er hat sich in schwerer Zeit das Leben genommen. Er hat das getan, ehe er und seine Frau und die noch bei den Eltern lebende Tochter von den Schergen Hitlers in die Gaskammern abgeholt wurden. Der Deportationstermin stand fest. Seit langem wurde Jochen Klepper verfolgt und in seiner Arbeit als Schriftsteller behindert, nur - weil er mit einer jüdischen Frau verheiratet war.
Aber Klepper hat dennoch wunderbare Gedichte geschrieben. Viele davon stehen in unserem Gesangbuch. Sie wurden schon frühzeitig mit einer brauchbaren Melodie unterlegt. So auch das Lied, das ich heute zum Erntedankfest in den Mittelpunkt meiner Gedanken stellen möchte. Es ist ein Mittagslied in den ersten drei Strophen.

Zitat oder Gesang: 457, 1-3 (Singkreis)

In den nächsten Strophen aber wird dieses Lied zum Erntedanklied!
(4 - 12) Sehen wir es uns genauer an!
Jochen Klepper hat dieses Lied ganz eng an einen Bibeltext angelehnt.

Zitat: Dt. 28, 1-12

Das Hauptwort des Liedes ist das Wort „Segen“:
Segen beim Ausgang und beim Eingang wie im Plalm 121. Segen in der Stadt. Segen auf dem Acker. Gesegnet die „Frucht deines Leibes“, also: Segen für die Kinder und die Enkel. Segen über deinem Korb und für deinen Backtrog.

Segen in der Auseinandersetzung mit deinen Feinden und Segen auf alles, was du besitzt. Und besonders das Land, das Gott dir gegeben hat. Segen für alle deine Unternehmungen. Gott wird dir Segen schenken durch Regen zur rechten Zeit. Und vielen Völkern wirst du leihen können und von niemandem borgen müssen.
Wenn wir den Wortlaut der Bibel und des Liedes vergleichen, dann kann man manchmal eine ganz wortgetreue Nachdichtung erkennen:

Bsp. 1: Vers 4

Bsp. 2: Vers 5

Bsp. 3: Vers 6

Segen ist auch das Thema des heutigen Erntedankfestes! Wir feiern dieses Fest, weil es uns die Möglichkeit schenkt, Gott als den Schöpfer und Erhalter allen Lebens zu verehren. Und dabei wird unser Blick vordergründig auf die Gaben hier in unserer Kirche gelenkt. Aber mit diesen Gaben meinen wir ja Gott. Wir bezeugen in den Erntegaben den Geber aller Gaben, den Herrn der Welt. ER schüttet seinen Segen jedes Jahr neu aus. Und ER wird uns auch zuverlässig weiterhin segnen. Denn solange die Erde steht, soll nicht aufhören Saat und Ernte, Frost und Hitze, Sommer und Winter, Tag und Nacht. Wir wissen und bekennen es auch wie vorhin beim Singen: „Alle gute Gabe kommt her von Gott, dem Herrn, drum dankt ihm und hofft auf ihn!"
Unser Dank geschieht aus innerstem Glauben. Denn auch in diesem Jahr haben wir trotz anfänglicher schwerer Hitze und Trockenheit doch viel zu danken!
Wie aber kam es, dass Jochen Klepper dieses Dankes- und Segenslied dichten konnte. Klepper hatte ein Mittagslied dichten wollen. Und weil er allen seinen Liedern in der Sammlung „KYRIE" einen Text aus der Bibel vorangestellt hat, hat er sich auf den eben gelesenen Text aus dem 5. Buch Mose bezogen. Und im Vers 3 nimmt Klepper den Gedanken des wohl bekanntesten Tischgebetes auf: „Komm, Herr Jesus, sei du unser Gast..." Und er formuliert:
Der Mittag kommt. So tritt zum Mahl;
denk an den Tisch des Herrn.
Er weiß die Beter überall und kommt zu Gaste gern.
Denn: Die Hände, die zum Beten ruh'n,
die macht er stark zur Tat.
Und was der Beter Hände tun, geschieht nach seinem Rat.
Die Mittagszeit, von modernen Menschen gern übergangen, weggeworfen bei Mc. Donald, bei 'nem Kebab oder im Stehcafe neben dem Büro, diese Mittagszeit ist Pausenzeit, Gebetszeit und Zeit der Stärkung. Körperlich und geistlich! Die Hände werden zum Symbol von Ruhe und Tat. Sie beten und sie arbeiten. Und die Höhe des Tages ist die Stunde, wo Leib und Seele gestärkt werden: Der Leib durch die Mahlzeit, die Seele durch das Gebet. Der Segen Gottes ist für beides bestimmt! Für die guten Gaben des Tisches, die liebende Hände zubereitet haben. Und für die Gaben, die Gott uns in seinem Segen schenkt. Und davon hat Klepper viel aufgezählt. Vom Backtrog über das Vieh bis hin zu Kindern und zu deinem Weg in die Stadt.

Als Klepper dieses Lied schrieb, wurde er inspiriert vom Liedvers der Herrnhuter Losungen vom 4. Juni 1938. Als Losung stand zu lesen: Jes.27,5. Und das Lied von Paul Gerhardt: EG 322,6.
„Er wird mich erhalten bei meiner Kraft und wird mir Frieden schaffen; Frieden wird er mir dennoch schaffen."
Er lasse seinen Frieden ruhn
auf unserm Volk und Land,
er gebe Glück zu unserm Tun und Heil zu allem Stand.

Beim Dichten des Liedtextes wird Jochen Klepper die Melodie Johann Crügers vom Danklied Paul Gerhards im Ohr gehabt haben. Man kann unser Lied auch danach melodisch singen!
Aber noch entscheidender war es, was sich in seiner Familie 1938 ereignen sollte. Kleppers wohnten seit drei Jahren im Süden von Berlin. Und das gesamte Gebiet dort wurde zum Abrißgebiet erklärt, weil Hitler einer Nord-Süd-Magistrale bauen lassen wollte.
So mussten Kleppers erfahren, wie das irdische Haus, diese Hütte, in der sie sich von den Drohungen der Nazis auf der Straße zurückziehen konnten, dass dieses irdische Haus abgebrochen werden soll. Kleppers mussten ein Baugrundstück suchen und neu bauen. Der Dichter schreibt: „Der Bauentschluss fällt uns so furchtbar schwer. Im Hinblick auf die Zukunft der Kinder scheint doch alles verändert: Das Haus wird ja keine Existenzgrundlage mehr in Deutschland für sie sein. Und doch sehen wir keine andere Lösung..."
Beim Abschied vom alten Haus und im Bangen um das neue Haus musste Klepper einen Segenstext finden, der mit seiner prallen Diesseitigkeit die Familie trösten konnte. Kleppers fanden darin eine doppelte Hilfe: Sie konnten festhalten an der Verheißung Gottes und sie konnten sich wenden gegen den Fluch ihres irdischen Daseins.
So hat auch der Dichter dieses Lied seiner Ehefrau zum Pfingstfest geschenkt. Er lenkt mit diesem Lied den Blick seiner Frau auf das künftige neue zu Hause und zählt die Segensorte darin auf:
Keller, Kammer, Feld, Korb, Truhe, Trog und Schrein. Und im Vers 7 sagt er tröstend:
Er segnet, wenn du kommst und gehst;
er segnet was du planst.
Er weiß auch, dass du's nicht verstehst und oft nicht einmal ahnst.

Wir sehen: Überaus intensiv haben die Lebensumstände der Familie Klepper in dieses Lied hineingespielt. Noch durfte diese Familie leben und planen. 4 Jahre später war das grausame Ende ersichtlich. Und Klepper wollte diesen Weg der menschenverachtenden Vernichtung nicht mitgehen. Deshalb sein selbstgewähltes Ende.

Aber dadurch wird der Liedtext nicht unwahr. Im Gegenteil! Durch die familiären Bezüge wird uns die Dichtung besonders lieb! Menschlich vertraut und verstehbar.
Ist es nicht so? Der Segen Gottes kommt nicht abgehoben und ohne menschlichen Bezug. Er ist bei uns in Keller, Kammer, Feld, in Stadt und Land und bei den Kindern.
Erntedankfest feiern heißt, das Leben in seiner Fülle feiern. Und dazu haben wir hier allen Grund!
Wir können zwar im Angesicht des familiären Schicksals der Kleppers nicht einfach zum Alltag übergehen. Denn: Verhältnisse wie damals 1938 in Deutschland gibt es in manchen Ländern unserer Erde. Und wir müssen uns einsetzen mit Hand und Herz zur Linderung von Hunger und Schmerz! Wir dürfen von dem Segen weitergeben, des wir hier empfangen haben. Sichtbar tun wir es, wenn wir die Behinderten im Haus Engels beschenken. Und jedes Jahr kommt Dank und Freude in unsere Gemeinde zurück. Und das ist ein rechtes Feiern des Segens Gottes. Als ersten Schritt zur Tat des Segens falten wir hier heute die Hände, weil wir selbst Segen empfangen haben. Amen.

8.4.2012 - Ostern
Predigt: 1. Sam. 2, 1-8a (1.2.6-8a)
Lesung: Mk. 16, 1-8 (I)

Lieder: EL106, 1-5 (Erschienen ist der herrlich Tag)
LL 99, 1-3 (Christ ist erstanden)
HL100, 1-5 (Wir wollen alle fröhlich sein)
PL116, 1+2 (Er ist erstanden, Halleluja)
SL116, 5 (-"-, hat uns befreit; dafür sei Dank)

Liebe Gemeinde!
Diesen Lobgesang der Hanna können wir eigentlich nicht predigen. - Wir müssten jetzt aufstehen und in Gruppen miteinander tanzen. Wir müssten tanzen und singen, was Gott für ein großer Gott ist. Und dass er dieser benachteiligten Frau zur Anerkennung geholfen hat.
- Wir müßten hingehen und uns anleiten lassen, den Jubel der Hanna kreativ darzustellen. Wir müssten Pinsel und Farbe nehmen und bildlich darstellen, was es heißt, verachtet zu sein und was es heißt, in die Gesellschaft zurückkehren zu können, weil ein Sohn empfangen wird.
- Wir würden unsere Glocken anstellen und zur Geburt des Samuel läuten. Denn Samuel war "von Gott erbeten"! Unter heißen Tränen von Gott erbettelt!
- Wir müßten mit den Konfirmanden ein Theaterstück einüben und die Tragik und Freude der Hanna darstellen lassen. Oder wir müßten eine Gedicht schreiben und es gut vortragen.

- Wir müßten selbst die Lobpreislieder hervorholen, die wir in den freien Gemeinden miteinander singen. Und wir müssten auch emotional aus uns herausgehen. Auch wenn es Männern schwerer fällt als Frauen.

Wenn wir der Hanna und diesem Text gerecht werden wollten, dann wären diese Schritte zu gehen.

Nun würden Sie sich aber wundern, wenn wir uns jetzt aufteilen würden in Gruppen. Wenn wir alle diese kreativen Gedanken verwirklichen würden. - Wir können es so nicht heute morgen. Aber einen Gedankengang lang sollte es wohl erlaubt sein, daran zu denken! - Was erlebt Hanna vor dieser Geschichte? Welch ein Schmerz hat ihr Leben traurig gemacht?

Hanna lebte in einer Ehe mit Elkana im Gebirge Ephraim. Aber ihr Mann hatte noch eine zweite Frau. Das war damals nicht ungewöhnlich und auch nicht unmoralisch. Aber die zweite Frau Pennina bekam ein Kind nach dem anderen.

Und Hanna blieb kinderlos. Nun ist das ja heute keine Schande. Wieviele Ehepaare in Deutschland sind kinderlos. Gewollt oder ungewollt. Aber bei uns würde keiner auf die Idee kommen, eine kinderlose Frau zu isolieren oder zu verachten. In einer Gesellschaft aber, wo die Rolle der Frau über ihre Fruchtbarkeit bestimmt wurde, da konnte es sich Pennina leisten, Hanna zu verspotten. Und sie tat das um so mehr als sie merkte, dass Elkana der Hanna gegenüber liebevoller war. Und immer zum Opferfest wurden die Kränkungen besonders intensiv. Bis es schließlich zu bittersten Tränen kommt. Was blieben denn der Hanna anderes als die Tränen? Sie wusste: Kinder sind eine Gabe Gottes. Und wenn ihr keine Kinder geschenkt werden, was sollte sie denn tun?

So weint sie und weint auf den Stufen des Heiligtums. Und der diensthabende Priester Eli herrscht sie noch an: "Wenn du betrunken bist, dann übergib dich, damit du wieder nüchtern wirst!"

Aber Hanna hat Mut. Sie wehrt sich gegen den Vorwurf des Priesters und erzählt ihm: "Ich habe wegen eines großen Kummers zu Gott gebetet! Ich habe mein Herz ausgeschüttet vor dem Schöpfer." Was sie nicht dem Priester sagt, war das Gelübde, das Hanna im Gebet versprochen hatte: Wenn ich ein Kind von Gott geschenkt bekomme, dann soll es dem lebendigen Gott geweiht sein! Der Priester Eli, nachdem er erkannt hatte, dass er Hanna ungerecht angefahren hatte, sagt schließlich zu ihr: "Geh hin mit Frieden; der Gott Israels wird dir die Bitte erfüllen, die du ihm vorgetragen hast!“

Und es heißt dann: Und zu Hause erkannte Elkana seine Frau Hanna und der HERR dachte an sie! Da wurde Hanna schwanger. Sie darf Samuel zur Welt bringen: Samuel - "vom Herrn erbeten". Als er entwöhnt ist und die ersten drei Jahre bei seiner Mutter alles Lebensnotwendige an Erziehung genossen hat, bringt Hanna das Kind zum Heiligtum und übergibt den „vom Herrn erbetenen“ Jungen dem Priester Eli. Sie löst ihr Gelübde ein und betet mit dem Lobgesang: Mein Herz ist fröhlich in dem Herrn!

Was ist der Inhalt ihres Gebetes, ihre Lobgesangs? Und was hat das nun mit Ostern zu tun?

1. Es ist eine Frau, die aus ihrem Schatten heraustritt. Hanna, die gegen allen Spott an der Treue Gottes festhält. Sie bezeugt: "Meine Tränen waren nicht umsonst. Und mein Glaube findet Bestätigung in dem, was Gott an mir getan hat. Gott ist mächtig!"
"ZITAT" (5) - (8)
Die Beschreibung der Umkehrung aller Werte kommt unserem Osterfest sehr nahe. Denn Ostern ist der Sieg über das Unheil. Und die Frauen am Ostermorgen werden - wie Hanna damals - Zeugen der gewaltigen Macht Gottes. Sie laufen zwar voller Furcht weg vom Grab. Aber sie dürfen doch erkennen: Jesus lebt. Und ihre Tränen dürfen ein Ende haben. Das von vielen Menschen gefürchtete Elend - der Tod, die Verzweiflung, die Angst vor Unheil - dieses Elend hat ein Ende. Diesem Elend wird der Sieg Jesu gegenüber gestellt. Denn wenn Jesus lebt, leben auch die, die ihm vertrauen.

2. In der Bibel werden immer wieder Frauen auserwählt. Sie kündigen mit ihrem Lobgesang eine Wende an. Der von Hanna geborene Sohn Samuel ist der Prophet, der die beiden ersten Könige von Israel salbt.
Die Wende besteht darin, dass das Volk in Zukunft von Königen regiert wird. Der Dienst der Richter und Propheten beschränkt sich auf einzelne Aufgaben. Das war am Anfang nicht so.
Aber warum gerade einer Frau solche Bedeutung zugemessen wird, kann nicht endgültig geklärt werden. Denn sonst hatten die Frauen früher keine Funktion weiter, als für den Nachwuchs zu sorgen!
Wenn Mirjam das erste Loblied Gottes anstimmt, das in unserer Bibel steht, dann kommt ihr auch eine besondere Bedeutung zu. Mirjam singt dieses Lied nach dem Durchzug durch das Meer: "Ich will dem Herrn singen, denn er hat eine herrliche Tat getan: Ross und Reiter hat er ins Meer gestürzt!"
Lukas erzählt uns, wie Maria singt, weil sie von Gott ausersehen wurde, den Retter der Welt, Jesus, zu gebären. „Meine Seele erhebt den Herrn..."
Und Elisabeth wird gewürdigt, Johannes auszutragen.
Und eine Prophetin Hanna tritt auf in Jerusalem mit einem gewissen Simeon, um die Taten Gottes zu preisen.
Darin zeigt sich, dass auch die Bibel den Frauen Handlungen zuweist, die von besonderer Wichtigkeit sind.
Auch Jesus hat das betont, wenn er Frauen in seinen Kreis der Jüngerinnen und Jünger aufnimmt. Und die Geschichte der Kirche ist eine Revolutionsgeschichte besonders der Frau. "Denn da ist nicht Mann oder Frau, sondern sie sind alle eins in Christus."
Wäre es nicht Zeit, daß dieses Pauluswort Wirklichkeit wird? Zu Ostern hat das neu an Bedeutung gewonnen.

Hoffnung, Liebe und Erbarmen haben Frauen und Männer in gleicher Weise nötig.

3. Können wir heute in den Lobgesang der Hanna einstimmen? Vielleicht nicht unbedingt in seinen Verwerfungen, dass Gott die anderen erniedrigt. Das klingt nicht nach Jesus. Jesus ist am Kreuz gestorben. Er wurde fertiggemacht von den Mächtigen seiner Zeit. Was hatte er getan? Er hatte sich nur eingesetzt für die Armen und für die Benachteiligten. Jesus wollte, dass jeder Mensch frei atmen kann. Das wollten die nicht, die ihn gekreuzigt haben. Sie wollten, dass die Welt bleibt, wie sie ist. Und hatten sie darin Erfolg, indem sie Jesus beseitigen? Bleibt doch alles beim Alten?

Wir bekennen und sagen mit der Hanna unserer Geschichte: Nein! Jesus lebt. Jesus ist auferstanden, weil die Armen und Bedrückten, weil die Kranken und Verzweifelten, weil die Sünder Hoffnung brauchen.

Die Frauen hören die unfassbare Botschaft. Es verschlägt ihnen die Sprache. Sie spüren, dass sich die Mächtigen verrechnet haben. Ihr Plan ist nicht aufgegangen. Der Tod ist nicht das Ende. Das Kreuz sollte den Schlussstrich setzen. Und doch ist das Kreuz zum großen Plus geworden. Denn durch das Kreuz ist das Leben geschenkt. Gottes Wille hat gesiegt. Gottes Liebe lässt sich nicht umbringen. Nicht mit Gewalt und nicht mit List.

So klingt das Loblied der Hanna über ihre ganz persönliche Freude zusammen mit unseren Osterliedern. Sie erklingen zur Ehre Gottes und sie loben denselben Gott. Das macht unsere Stimme froh und das macht unseren Gesang glücklich. Denn du bist auch dabei, von Gottes Liebe zu erfahren! Amen.

Predigt

Predigttext: I Chr. 29,13-16 (alternat.-Reminiscere)

Lesung:	Hebr. 11, 8-10		
Lieder:	EL	91, 1-3	(Herr, stärke mich, dein Leiden)
	LL	77, 1	(Ehre sei dir Christe)
	HL	366, 1-4	(Wenn wir in höchsten Nöten)
	PL	251, 1+2+7	(Herz und Herz vereint zusammen) ?
	SL	91, 5+6	(Seh ich dein Kreuz den Klugen)

Liebe Gemeinde!

Wer einmal in Jerusalem gewesen ist, und zwar vor der Westmauer des jüdischen Tempels, der stand vor der sogenannten Klagemauer. Der bekommt dort eine Ahnung davon, was für ein großartiges Bauwerk dieses Heiligtum der Juden gewesen ist. Der Tempel von Jerusalem ist eine Meisterleistung der Architekten. Er ist ein Weltwunder, das von David geplant wurde. Und das von Salomo gebaut werden konnte.

Noch Jahrhunderte, ja Jahrtausende danach, am Anfang dieses dritten Jahrtausends staunen wir über dieses Meisterwerk der Baukunst.

Dreitausend Jahre alt sind die ältesten erhaltenen Steinquader. Wir müssten in Ehrfurcht erstarren vor der Grösse dieses Gotteshauses.
Aber wie schlicht klingen da die Worte des Königs David! Wie einfach ist das Dankgebet verfasst, das David zuzuschreiben ist! Da spricht nicht ein Politiker von seinen glänzenden Leistungen. Da spricht ein Mensch. Ein Mensch, dem bewusst ist, wo er steht: Er steht an der Schwelle der Wohnung Gottes. Demütig, dankbar, stammelnd wie ein Bettler, nicht wie ein König. Der König David geht in die Knie vor dem lebendigen Gott, dem er ein Haus zur Ehre Gottes bauen will.
Das heißt, sein Sohn Salomo soll es bauen. Aber in Anbetracht des bevorstehenden Baus und der Opferbereitschaft der Menschen spricht David als König und oberster Diener des Volkes das Dankgebet.
Das macht die Größe des Königs David aus: Er weiß, wem er seine Größe zu verdanken hat. „Denn was bin ich? ... Wir sind Fremdlinge und Gäste auf dieser Erde wie alle unsere Väter. Was wir auch sind und haben, haben wir von Dir! Von Dir, dem lebendigen Gott und Vater!“
David besitzt die Souveränität, dass er im Moment des größten irdischen Glückes darauf hinweist: Alles, aber wirklich auch alles, alles kommt von Gott. Wir Menschen sind nur Gäste auf dieser göttlichen Erde. Unser Leben ist wie ein Schatten. Es bleibt nicht.
Wir sollen uns nicht täuschen. Und sei unser Können und unsere Baukunst noch so gewaltig und monumental, wir können dennoch unserem Leben keine Spanne zusetzen. Die Hand, die das Leben uns schenkt, das ist die Hand Gottes. Des Gottes, der Himmel und Erde gemacht hat. Das Haus, das wir bauen, ist nicht unser Haus. Und all das viele, was wir herbeigebracht und gesammelt haben, ist doch alles von Gott. Es ist alles Sein! Das ist die Grunderkenntnis Davids.
David will ein Haus bauen lassen. Und er verzichtet auf den Anspruch, der Hausbesitzer zu sein. Er selbst hat eine überaus große Freude darüber, wie die Stammesfürsten wirkliche Opfer für den Tempel gebracht haben. Geld und Baumaterial wurde gesammelt in einer nicht vorstellbaren Größe. Und bei allem Erfolg fühlt sich doch David nur als Fremdling auf dieser Erde und als Gast im irdischen Haus. So spricht normalerweise kein Herrscher. So spricht nur der Diener Gottes. Diese Worte verleihen ihrem Inhalt eine Gültigkeit über alle Zeit hinaus.
Wir sind ja in diesen Monaten an einem Punkt angelangt, wo uns - mehr als wie wir es wünschten - deutlich wird, so wie bisher kann es nicht weiter gehen. Global gesehen sind unsere Lebenschancen einzigartig. Wir haben alles, was wir brauchen. Und doch klagen wir über diese oder jene Reform, die nötig ist, damit unsere Enkel nicht unsere Sünden bezahlen müssen. Unser Umgang mit Rohstoffen und mit Krediten, mit Geld, das wir nicht haben..., dieser Umgang mit den Lebenschancen unserer Nachkommen, muss gründlich reformiert werden. Die nach uns kommen, sollen auch eine Chance zum Leben haben! Die mit uns in Afrika oder Asien oder Lateinamerika in ärmlichsten Verhältnissen leben, die haben doch auch ein Recht auf ein normales Leben. Was tun wir für sie?

Diese Einstellung des Gottesmannes David, der in Dankbarkeit gegenüber Gott von seinem Reichtum abgeben kann, diese Einstellung ist die Grundeinstellung für ein Leben, das teilen kann.

Immer mehr Menschen fragen heute nach einem Ethos, das das Überleben aller Menschen dieser Erde beachtet. Es ist ein ökologisches Ethos im engsten Sinne des Wortes. Dieses Ethos weiß um die Vernetzung des menschlichen mit den tierischen und planzlichen Leben im "Oikos" Erde, in dem einen Haus Erde.

Was die Bibel zu einem solchen Ethos beitragen könnte? Nun, das Verständnis des menschlichen Lebens nach dem Modell des Gastseins und der Gastfreundschaft. David sagt es: Wir sind nur Gäste auf dieser Erde. Und alles ist uns geschenkt. Und die ersten Christen haben so gelebt: Sie waren gemeinsam in den Häusern. Und Gastfreundschaft war eine der ersten christlichen Tugenden. Sicher auch im Rückblick auf die jüdische Tradition, die Fremden zu beherbergen.

Den Fremden nicht als Feind zu betrachten... Den Fremden willkommen heißen. Mit dem Fremden das Dach über dem Kopf teilen und das Brot brechen... Das ist das Besondere des Christseins am Anfang der christlichen Geschichte. „Gastfrei zu sein, vergesst nicht!" (Hebr. 13,2) „Übt Gastfreundschaft!" (Rö. 12,13)

So haben die ersten Christen ihre spontanen Gefühle der Angst und der Abwehr gegen Fremde kompensiert und verwandelt in eine geregelte Umgangsform der Gastfreundschaft. So kam es, dass jeder etwas geben konnte: Der Gastgeber gab Schutz und Geborgenheit in seinem Haus. Aber er empfing auch von seinem Gast recht Nützliches: Nämlich spannende Erzählungen von der Reise und interessante Informationen über fremde Leute, Länder und Sitten.

Dass man sich gegenseitig nützt, ist nicht das Entscheidende bei der Gastfreundschaft. Wer als Gast kommt, der bringt ein bestimmtes Verständnis von Leben mit. Wer Gast ist, sieht die Welt mit anderen Augen an als der, der sich als Eigentümer versteht. Der Gast teilt sein Unterwegssein mit anderen, die ebenfalls unterwegs sind. Das schafft Gemeinschaft. Der Gast weiß, wie er angewiesen ist auf die Hilfe und den Rat der Menschen, die er besucht.

Dass David sich als Gast auf dieser Erde bezeichnet, wo er doch so viel Macht und Besitz hat, zeigt uns: Er braucht den Rat und die Hilfe des höchsten Gottes. Sonst ist es nicht weit her mit seinem Königtum.

In der Auseinandersetzung mit der Ausländerfeindlichkeit in Deutschland fanden einige kluge Köpfe den Slogan: „Wir sind alle Fremde. Fast überall auf der Welt!" Es ist zu kurz gedacht, die Fremden in unserem Land zu isolieren. Denn wenn wir im Ausland ebenso fremd sind, wollen wir auch Rat und Hilfe finden! Und der Rest der Menschheit ist wesentlich größer als die 80 Mio. deutscher Staatsbürger. Wachsende Mobiltät und zunehmende Anonymität lassen uns unseren Gaststatus mehr und mehr erkennen. Das Modell der urchristlichen Gastfreundschaft kann zu einem guten Modell der Zukunft werden, wenn wir es in Kirchen und Gemeinden in Erinnerung behalten und beleben würden.

Wenn wir uns als Gast auf dieser Erde verstehen, weil wir dieses Gastsein im Ausland als sehr angenehm erfahren haben, dann entwickeln wir eine Grundhaltung zu unseren Gästen.
Jeder Gast wieder weiß, dass er nicht der Hausherr ist. Er wird pfleglich, sorgsam und behutsam mit dem umgehen, was ihm anvertraut ist. Es ist ihm ja nur vorübergehend geliehen. So wird er sich auch mit anderen Gästen verbunden fühlen. Er wird ihnen gern die Hand reichen. Denn sie sitzen in einem Boot. Im Status des Gastes.
Als Gast wird er nicht versuchen, das Haus auf den Kopf zu stellen. Er wird nicht versuchen, das Haus zu zerstören.
Der Mensch, der sich als Gast auf dieser Erde versteht, der wird diese Erde nicht bis zum Letzten ausnutzen. Er wird die Natur nicht überfordern. Er wird nicht die Stützpfeiler der zukünftigen Generationen herausreißen. Er wird sich um ein Wirtschaftsmodell bemühen, das sparsam, umweltfreundlich und zukunftsträchtig ist.
Der Gast weiß auch, dass er nicht auf Dauer in dem Haus Erde leben kann. Die genossene Gastfreundschaft macht ihn dankbar. Und ohne Bitterkeit kann er weiterziehen in die letzte Station, in die himmlische Heimat zu Gott, seinem himmlischen Vater. Alles Krampfen an das Leben auf dieser Erde ist unnötig. Denn es erwartet uns ja noch ein viel schöneres Leben bei Gott!
Da muss ich nichts mitnehmen. Ich kann es auch nicht. Denn „das letzte Hemd hat keine Taschen“! Als Gast habe ich gelernt, mit warmen Händen zu geben. Und mich daran zu freuen, wie andere Menschen glücklich werden.
Sich der eigenen Zeitlichkeit bewusst zu sein, muss ja nichts Schreckliches an sich haben. Es befreit uns von dem Größenwahn, diese Welt mit meinem eigenen ICH ausfüllen zu müssen. Und das schafft wiederum Spielraum für den anderen Menschen neben mir und nach mir.
Und das schließlich ist eine weitere Folge der Einübung in das Modell der Gastfreundschaft: Wer ein guter Gast war, von dem ist anzunehmen, dass er ein ebenso guter Gastgeber sind wird.
Die ersten Christen waren das. Aus ihrem Verständnis heraus wurden sie zu einer gastfreundlichen Kirche. Aus einem verloren Haufen zusammengewürfelter Fremder und Sklaven wurde bald eine aktive Gemeinde. Und diese Gemeinde lud einfach die Menschen an ihren Tisch ein. An den Tisch des gemeinsamen Mahles – da gab es keine Fremden.
Hier wurde die Verbindung mit dem Gastgeber allen Lebens immer wieder neu gefeiert.
Das Haus und der Tisch sind die Symbole christlicher Gastfreundschaft. Es sind Orte, an denen Menschen sich willkommen fühlen dürfen. In einer Welt, in der immer mehr Menschen einander als Fremde anschauen, warten wir darauf, das Modell der Gastfreundschaft für unsere Zeit neu zu beleben.
Und das ist auch der tiefe Grund für unsere Sehnsucht, miteinander das Heilige Abendmahl zu feiern!
Amen.

Predigt

Predigttext:	Jer. 7, 1-11 (GN)		10. post Trinitatem
Lesung:	Lk. 19, 41-48		
Lieder:	EL	617, 1-3	(Kommt herbei, singt dem Herrn)
	LL	617, 6	(Menschen kommt, singt dem H.)
	HL	326, 1+3+5	(Sei Lob und Ehr...)
	PL	419, 1-5	(Hilf, Herr meines Lebens)
	SL	322, 5-7	(Er gebe uns ein fröhlich Herz)

Liebe Gemeinde!
Unser heutiger Bibelabschnitt stammt aus der Zeit vor der ersten Zerstörung des Tempels in Jerusalem 587 aCn. Die Worte des Propheten Jeremia sind hart. Für die Menschen damals unerhört!
Dass diese Worte dann mit der Zerstörung des Tempels in Erfüllung gegangen sind, auf böse Weise, das ist einfach furchtbar.
Deshalb denken wir in den Kirchen der EKD am heutigen Sonntag auch an die doppelte Zerstörung des salomonischen Tempels in Jerusalem. Unser sog. Israelsonntag will die Verknüpfung zum Volk der Juden herstellen und sich unsere Wurzeln bewusst machen. Denn Jesus war jüdischer Herkunft. Und erst die Apostel haben die Botschaft Jesu für die Völkerwelt geöffnet. Mit dem Hauptmann Cornelius fing es an.

Was ist das nun, was Jeremia rügt?
Jeremia beklagt die heuchlerische Frömmigkeit.
- Es hilft nicht, immer wieder zu betonen, dass da der Tempel in Jerusalem steht. Und dass das doch eine gewisse Sicherheit geben wird, wenn die Stadt bedroht ist. Denn die Existenz eines Heiligtums hilft gar nichts. Gott wohnt nicht im Tempel. Sondern Gott wohnt im Tun der Menschen! Der Menschen, die das Gute und Gerechte tun!
Also heißt es richtig: Ändert euer Leben und Tun (3)! Nur dann werdet ihr in Jerusalem wohnen bleiben.
„Geht miteinander gerecht um!“ (5)
„Nutzt keinen aus, der eure Hilfe braucht: Z. B. die Fremden, die Waisen und die Witwen.“ (6)
„Vergießt kein unschuldiges Blut!“ (6)
„Betet keine fremden Götter an!“ (6) Sie bringen euch Unglück!
Betrügt euch nicht selbst. Wer stiehlt, wer mordet und wer die Ehe bricht, wer Meineide schwört und den Götzen Opfer bringt (8+9), der ist nicht mehr sicher im Heiligtum des lebendigen Gottes Jahwe. Wenn das Haus Gottes durch eure üblen Sünden zur Räuberhöhle geworden ist, dann steht es auch den Feinden des Volkes als Angriffsziel ihres Zerstörungsfeldzuges frei. Es ist überaus modern, daß Jeremia hier das Heil der Menschen von Jerusalem nicht an den Tempel binden darf. Nein, das Heil liegt im ganz persönlichen Leben der Menschen verborgen.

Das Heil ist gebunden an die Gerechtigkeit, die wir selbst schenken.
Das Heil ist gebunden an die Barmherzigkeit, die wir gewähren.
Das Heil ist gebunden an den Umgang mit Fremden und Hilfsbedürftigen (, damals Waise und Witwen).

Was bedeutet das für uns heute? Wenn die Rettung der Menschheit am Tun des Gerechten liegt, können wir uns dann überhaupt noch ausruhen auf Luthers Lehre von der bedingunslosen Gnade, die keine guten Werke als Bedingung kennt?
Jeremia läßt uns erkennen:
Das Heil ist gebunden an die Ernsthaftigkeit Gott gegenüber. Wenn unsere heutigen Götzen die Oberhand gewinnen, dann kann es auch mit uns zu Ende gehen.
Welche Rolle spielt der Sport oder das Fernsehen? Wie werden Handys und andere digitale Medien angebetet! Wie verehren wir den eigenen Körper als ewig jung bleibendes Individuum!? Welcher Einsatz an Zeit und Geld wird geopfert für Stars und Sternchen? Was geht eigentlich in den Fußballstadien ab und was bei Boxwettkämpfen?
Wenn es darum geht, Kinder zum Fußballtraining mehrmals in der Woche zu fahren, ist das alles kein Problem. Wenn wir aber zum Kindergottesdienst nur einladen, dann wird ein Problem daraus gemacht! Nichts gegen Fußball oder Ballett. Gewiss ist das nötig. Aber Jeremia würde uns zurufen: Alles für Gott! Wann endlich werden wieder Menschen in den Gemeinden gefunden, die sich kompromisslos für die Sache Jesu einsetzen. Und zwar treu, fleißig und ohne Hintergedanken? Fordern wir zu wenig in der Evangelischen Kirche? Sind wir noch zu gut organisiert in einer kirchensteuermäßig abgesicherten Staatskirche? Uns würde Jeremia sagen: „Verlasst euch nicht auf eure finanzielle Sicherheit. Sie geht vorüber! In keinem Staat der Welt gibt es eine Kirchensteuer!"
Das Heil liegt in der Anbetung Gottes, im Einhalten der Gebote und im Tun des Gerechten und Guten vor den Menschen. Davon werden wir selig, nicht durch all das andere, worum wir uns mühen! Unsere Kirchen dürfen nicht zu Räuberhöhlen werden! Unsere Kirchen sollen Gnadenstätten sein!
Was wir glauben, das muss in unser Leben. Und was wir leben, das muss vor den Augen Gottes bestehen können!
Der Irrtum der Bürger von Jerusalem, sich auf den Tempel zu verlassen, weil er in Jerusalem steht, war die Art eines Maskottchens.
Da hängt sich jemand eine Feder in sein Auto und glaubt, so würde er unfallfrei fahren können. Welch ein Irrtum und Aberglaube!
Unfallfreies Fahren hängt doch nicht an der Feder.
Unfallfreies Fahren hängt an meiner Fahrtauglichkeit! Ob ich mit Alkohol Auto fahre. Ob ich nebenbei telefoniere. Ob ich mich durch Gespräche von der Aufmerksamkeit ablenken lasse!
Auch das Hufeisen über der Tür hat diese unsinnige Funktion. Oder der edle Stein in der Hosentasche des Schülers, damit er eine gute Note schreibt.

Gott lehnt das ab. Er sagt: „Verlass dich auf den Herrn von ganzem Herzen, so wird er dich recht führen!“
Es gibt im modernen Deutschland noch so viele abergläubische Praktiken, dass es einen nur so grausen kann.
Mit Jeremia geprochen:
Räuberhöhlen, wo wir doch so schöne Kirchen haben!
Räuberhöhlen, wo wir so wohltuende Gottesworte kennen!
Räuberhöhlen, wo wir so gute christliche Bräuche nehmen können!
Räuberhöhlen mitten im christlichen Abendland!
Kein Wunder, wenn der Islam Fuß fassen kann in Europa. Viele Muslime leben sehr ernsthaft ihren Glauben! Der Koran ist als Buch schon heilig. Und es würde niemandem einfallen, einen Koran zu verkritzeln oder zu zerreißen.
Unser Schuldekan kam in eine Schule im Landkreis. Er erkundigte sich nach den Unterrichtsmaterialien. Und er wollte gern Bibeln benutzen. Was im Schrank zu finden war, waren 17 vollkommen von den Schülerinnen und Schülern zerrissene und verschmierte Bibeln. In einer Schule können Bibeln nicht mehr benutzt werden, weil Hakenkreuze aufgebracht wurden.
Gewiss, Gott hängt nicht am Buchstaben. Aber in den Bibeln steht das gute Wort Gottes! Was ist das für eine Schande vor den Andersgläubigen?! Müssen wir da nicht dringend etwas ändern im Unterricht und in unseren Familien!
So wie die Großmutter beim Anschneiden des frisch gebackenen Brotes zuerst ein Kreuz über dem Brot gezeichnet hat, so müssen wir wieder lernen, mit dem Wort Gottes ehrfürchtig umzugehen!
Es gibt viele Bräuche, die wir durchaus wieder einführen sollten!
Es hat mich als 14-Jährigen überaus schwer beeindruckt, wie ein gewisser Mitarbeiter der Diakonie, der mich in seinem Auto mitnehmen wollte, wie er vor dem Anlassen des Motors zuerst ein Gebet gesprochen hat. Er hat um Bewahrung gebetet, um Aufmerksamkeit im Straßenverkehr und um Wachsamkeit.
Warum sollten wir nicht wieder, wie unsere Vorfahren, beim Geläut unserer schönen Glocken, die Hände falten und ein Vaterunser beten?!
Warum sollten wir unsere Schulkinder nicht segnen, ehe sie am Morgen aus dem Haus gehen?
Es gibt genügend gute christliche Bräuche und Sitten, die wir heute noch aufnehmen könnten. Warum eigentlich nicht!
Wenn unsere Rettung nicht an Gebäuden hängt, dann sollten wir unser ganzes Leben neu überdenken und ausrichten auf die Gebote, die Gott uns geschenkt hat. Sie zu lernen, das ist vielleicht schnell gegangen. Sie zu leben, das ist eine dauerhafte Aufgabe. Aber in dieser Aufgabe lebt Gott. Darin ist er auch heute gegenwärtig.
Jesus hat uns den Weg gezeigt. In seinen Worten wird das fortgeführt, was Jeremia mit harten Worten ausgedrückt hat.
Hören wir seine Worte zum Abschluß: Mt. 5, 3-10.
Amen.

Gottesdienst am <u>7. Sonntag nach Trinitatis</u>
Predigttext: Ac. 2, 41a.42-47 - II -
Lesung: Jh. 6, 1-15
Begrüßung: Hinweis auf Bedeutung von Ac. 2, 42
Neue Lieder weil kein Organist.

Lieder:	EL	358, 1+4+5	Es kennt der Herr die Seinen
	PS	758.1 (107 I)	Danket dem Herrn; denn er ist frdl.
	LL	358, 6	So hilf uns, Herr, zum Glauben
	HL	221, 1-3	Das sollt ihr, Jesu Jünger, nie vergessen
	PL	457, 9-12	Sein guter Schatz ist aufgetan
	SL	503, 13+14	Hilf mir und segne meinen Geist

Wir bedenken vor Gott unser Leben:
Es geht uns gut. Wir haben genug zum Essen. Wir haben Freunde. Wir kennen vergnügte Stunden und wissen, was Freude ist.
Und doch sehnen wir uns nach Frieden, nach dauerhaftem Frieden, nach Gerechtigkeit, nach Liebe. Wir suchen die Kraft, die unser Leben tragen kann.
Deshalb bitten wir: Herr, komm du selbst zu uns. Mach uns frei für ein Leben mit dir. Herr, erbarme dich!
Die Worte der Heiligen Schrift sind stärkend und machen uns Mut. So spricht Jesus Christus: Selig sind, die da hungert und dürstet nach der Gerechtigkeit, denn sie sollen satt werden.
Lasst uns abschließend beten:
Vater, hungrig bleiben wir, bis du uns sättigst. Unruhig bleiben wir, bis du uns Ruhe schenkst. Lass uns beides finden: Erfüllung und Ruhe in dem, was du uns schenkst. Durch unseren Herrn Jesus Christus, deinen Sohn, der mit dir und dem Heiligen Geist lebt und regiert von Ew. zu Ew. Amen
Liebe Gemeinde!
1.) Eine christliche Gemeinde ist eine Lerngemeinschaft.
(Wir bleiben in der Lehre der Apostel!)
2.) Eine christliche Gemeinde ist eine Solidargemeischaft.
(Wir bleiben in der Gemeinde!)
3.) Eine christliche Gemeinde ist eine Mahlgemeinschaft.
(Wir halten fest am und brauchen das Abendmahl.)
4.) Eine christliche Gemeinde ist ein Gebetsgemeinschaft.
(Wir halten fest am Gebet.)
Diese 4 Stichworte aus dem Schlüsselwort von Ac. 2,42 sind uns heute gegeben. Ich will in aller Kürze versuchen, sie zu entfalten. Eigentlich müsste man eine ganze Predigtreihe daraus machen.
„Sie blieben aber beständig in der Lehre der Apostel, in der Gemeinschaft, im Brot-Brechen und im Gebet.“
Besser kann nicht beschrieben werden, was Christliche Kirche bis heute ist.

Das erste ist die **Lerngemeinschaft**. Das Hören auf die Lehre der Apostel. Das Studium der Heiligen Schrift. Die Bibelstunde und das Hören der Predigt. Denn in der Predigt spricht Gott zu uns. Und der Glaube kommt aus der Predigt!
Es gibt Zweige der Gemeinden, die kümmern sich nicht mehr um die Lehre. Da werden in Kindergärten unchristliche Erzieher eingestellt, die nicht einmal ein Weihnachtslied mit den Kindern singen können...
Da sind in diakonischen Einrichtungen hochqualifizierte Pädagogen tätig. Sie gehen nie zum Gottesdienst. Sie halten nichts von ehelicher Treue. Und sie kümmern sich überhaupt nicht um den religions-pädagogischen Auftrag ihres Arbeitsfeldes. Wie können diese Mitarbeiter das Anliegen der Diakonie vertreten? Wo sind sie als Christen in ihrer Einrichtung gefordert?
Besonders schwierig wurde das nach der Einheit unseres Landes, weil ja kein Christ in der DDR im Bildungswesen tätig sein konnte. Man war in der Diakonie einerseits verpflichtet, die Leute zu übernehmen. Aber die Erzieherinnen und Pädagogen hatten keine Ahnung von der christlichen Lehre.
Die Lehre ist nun aber eine der vier Säulen des Christentums.
Sägen wir an einem Tisch ein Bein ab, wird der Tisch kippen, sobald er belastet wird!
So ist das auch bei uns. Wer die Lehre verachtet, der bringt das Schiff des Glaubens in Schieflage!
Die Lerngemeinschaft, die Solidargemeischaft, die Mahlgemeinschaft und die Gebetsgemeinschaft halten unsere Gemeinden zusammen. Wer die Lehre der Apostel nicht mehr haben will, dem bricht eine Säule der Gemeinde weg!
Die Diskussion und die Enthüllungen wegen Kindesmissbrauch, und wenn es auch vor 3 bis 4 Jahrzehnten gewesen ist, haben unseren Kirchen schwer geschadet! Das lehrende Wort Jesu dazu lautet: „Wer einen von diesen Kleinen, die an mich glauben, zum Abfall verführt, für den wäre es besser, daß ein Mühlstein um seinen Hals gehängt und er ersäuft würde im Meer, wo es am tiefsten ist."
Die Lehre ist klar. Die Lehre wird gebraucht. Ohne Lehre kann es kein Christentum in der heutigen Zeit geben. Wir haben lehrmäßig viel zu tun!

2. Eine christliche Gemeinde ist eine **Solidargemeischaft**
Was heißt das: Sie blieben in der Gemeinde? (auch Diakonie!!!)
Es wird immer moderner, wenn jeder Mensch sich seinen Glauben selbst zusammenstellt. Ein bisschen Buddhismus, einen Schuss Islam, eine Prise Esotherik, Luther darf auch nicht fehlen.
Und Pate möchte ich schon sein, auch wenn ich keine Kirchensteuern bezahle und deshalb aus der Kirche ausgetreten bin. Ich bin gegen die Taufe von kleinen Kindern. Ja, und an Weihnachten gehe ich auch jegelmäßig einmal im Jahr in die Kirche, der Eltern wegen.
Von Treue zur Gemeinde kann da niemand sprechen.
Treue zur Gemeinde heißt: Ich bin da und bringe mich ein in die Gemeinschaft, die

ich vor Ort erlebe. Ich gehe hin und arbeite mit, weil es die Kirche Jesu Christi ist, die hier so ist, wie sie ist.
Treue heißt: Ich nutze die Angebote der Gemeinde. Ich brauche die Nachbarn, die Freunde, die heimatlichen Glocken, die Feste und Bräuche. Ohne die Gemeinde möchte ich nicht leben.
Ich bin solidarisch mit denen, die hier leben. Und ich kann diese Solidarität in der Gemeinde leben.

3.) Eine christliche Gemeinde ist eine **Mahlgemeinschaft**.
Die Kraft des Heiligen Abendmahls liegt in der Gemeinschaft. Als vor fast 80 Jahren die kirchenfeindliche Herrschaft Hitlers begann, wurde die Bekennende Kirche gegründet. Und die Gemeinden der BK haben sich besonnen auf die Lehre der Apostel: Es wurden die großen Bibelwochen eingeführt. Das bewußte Hören auf Gottes Wort, die Verkündigung und die Zusammenkunft unter den Kanzeln waren plötzlich wichtig geworden. Aus dem Wort schöpften die verunsicherten Christen Kraft. Und die großen Versammlungen mit bis zu 500 Teilnehmern waren ein Zeugnis für die Kraft des Evangeliums. In den Sonntagsgottesdiensten entdeckten dann die Christen auch die Kraft des Hl. Abendmahls. Und sie merkten: Die Feier des Hl. Abendmahls ist nicht nur zur Vergebung der Sünden da, wie es Luther betont hat. Sondern diese Feier stiftet Gemeinschaft, verbindet uns untereinander, stärkt im Glauben, ist Ausdruck der Liebe und der Güte. Und so ist es erst seit den 60iger Jahren wirklich Sitte geworden, das Hl. Abendmahl einmal im Monat zu feiern. Unsere Vorfahren bekamen das Abendmahl nur zweimal im Jahr. Der Brauch der Mahlgemeinschaft wird aber heute als aufbauende Kraft verstanden.
Die Feier des Hl. Abendmahls hat also in den letzten Jahrzehnten zugenommen an Bedeutung. Die Landeskirche hat erkannt, dass auch die Kinder nicht ausgeschlossen werden sollen. Seit einem Synodal-Beschluß von 1972 wurden Kinder nach einer kindgemäßen Unterweisung zugelassen zum Abendmahl. Auch in unserer Gemeinde sind Kinder willkommen. Deshalb wird auch vorrangig Saft ausgeschenkt. Wir drücken die Gemeinschaft untereinander aus, indem wir uns nach dem Empfang von Brot und Saft die Hände reichen und das Amen gemeinsam sprechen. Sicher sind das nur kleine Gesten. Aber sie sollen zeigen, was uns die Gemeinschaft im Abendmahl mit der Gemeinde bedeutet.
So wird die Feier des Hl. Abendmahls zu einer äußerst wichtigen Säule der Gemeinde.

4. Eine christliche Gemeinde ist ein **Gemeinschaft im Gebet**.
Der letzte Punkt ist die Gebetsgemeinschaft. „Sie hielten fest am Gebet." Da sind wir wohl am sensibelsten Punkt der vier Säulen.
Beten Sie jeden Tag? Sind Sie mit anderen eins im Gebet? Kennen Sie die Kraft einer Gebetsgemeinschaft? Haben Sie schon einmal die Wärme des Sprachengebetes

erlebt?
Viele Mitchristen sagen: Das Gebet gehört ins „stille Kämmerlein". Wo einen keiner sieht. Wo wir vielleicht das letzte Gebet noch sprechen, das wir gelernt haben: Vater unser im Himmel...
Mir gegenüber betonen immer noch viele Menschen, dass sie nicht ohne das VU einschlafen würden.
Wenn es heißt, dass die ersten Christen eins wurden im Gebet, dann bedeutet das doch auch, dass sie gemeinsam gebetet haben. Ein solches Gebet setzt großes gegenseitiges Vertrauen voraus. Ich öffne im Gebet mein Innerstes. Der andere hört, was aus meinem Herzen kommt. Er hört das, was ich Gott sagen will. Er nimmt teil an meinen Gefühlen. Er kann in mein Herz sehen.
Das birgt auch Gefahren. Solche sensiblen Dinge können Menschen schnell verletzen. Es steckt aber auch eine große Kraftquelle im gemeisamen Gebet. Das wissen die, die Gebetsgemeinschaft kennen und üben!
Ich träume manchmal von der Zeit, als das Wünschen noch geholfen hat... Aber man darf ja auch Wünsche aussprechen.
Warum sollten wir nicht einmal als Gemeinde überlegen, ob es nicht ein paar Beterinnen und Beter gäbe, die für die Anliegen der Gemeinde beten würden. Einmal im Monat...? Sprechen Sie mich an. Ich wäre dabei, wenn es irgend ginge!
Diese Säule der Gemeinde darf nicht wegbrechen!
Denn eins ist klar: Wo wir eins werden im Gebet, dort geschieht etwas. Über Bitten und Verstehen! Gott hört und erhört!

Natürlich haben diese vier Säulen einer Gemeinde auch etwas zu tun mit dem sozialen Engagement. Die Armen und die Hilfebedürftigen sind uns vor die Füße gelegt. Und es ist unsere Aufgabe, ihnen Gutes zu tun.
Wir wollen es versuchen und gern in die Tat umsetzen.
Amen.

Predigt
Predigttext: Ac. 3,1-10 – 12. p. Tr. - IV
Lesung: Ac. 9, 1-9
Lieder:

EL	451, 1-3	Mein erst Gefühl sei Preis und Dank
PS147:775		Der Herr heilt, die zerbrochenen H.
LL	451, 4	Gelobet seist du, Gott
HL	289, 1+4	Nun lob, mein Seel, den Herren
PL	346, 1-3	Such, wer da will, ein ander Ziel
SL	451, 5-7	Lass deinen Segen auf

Es gibt mehr als Geld und Gut!
Wir beugen uns vor Gott und beten:
Ewiger Gott, du bist offenbar in allen deinen Werken.

Du bist das Licht, das alle Dinge überstrahlt.
Du hast uns dein Wort gegeben.
Vieles können wir dadurch erkennen.
Deine Zeichen sind klar und wir sehen deine Herrlichkeit.
Manchmal sind wir blind und sehen deine Liebe nicht.
Wir bitten dich: Öffne unsere Augen, unsere Ohren und Herzen.
Herr, erbarme dich!
Barmherzig und gnädig ist der Herr, geduldig und von großer Güte.
Ehre sei Gott in der Höhe...

Herr, du ewiger Gott, das Seufzen der bedrückten Menschen hörst du. Du achtest auf das Schreien der verzweifelten Frauen. Nimm auch unser Gebet an.
Das Böse, das uns in die Tiefe reißen will, mach zunichte durch deine Güte. Wir wollen dir danken in der Gemeinde und dich mit befreitem Herzen loben. Durch unseren Herrn Jesus Christus, deinen Sohn, der mit dir und dem Hl. Geist lebt und herrscht von Ew. zu Ew.

Liebe Gemeinde!
Das Almosen-Geben gehört im Islam zu einer der 5 Säulen, auf denen die Religion ruht. Die Wurzel dafür liegt im Judentum.
Zu Jesu Zeiten war das Almosen-Geben eine hoch angesehene, gute Tat. Die edlen Spender ließen sich beim Geben gern beobachten. Jeder sollte sehen, dass sie ein gutes Werk taten und Gottes Gebote beachteten.
Wir nehmen an, dass damals mit dem lahmen Mann und mit seiner Armut Geschäfte gemacht wurden. Er jedenfalls sitzt dort und bettelt.
Sozialarbeiter warnen heute vor Bettlern in den Städten wie vor Hausierern. Viele von ihnen müssen an irgendwelche Hintermänner alles Erbettelte abgeben. Wir haben das einmal auf der Margarethen-Insel in Budapest erlebt. Wir wollten einer jungen Frau mit einem kleinen Kind ein Geldstück geben. Als aber die Frau unsere Ostmark erkannte, sagte sie: „Nein, DM, DM!“ Damit war unsere Spendenbereitschaft natürlich am Ende. Wir waren nicht im Besitz von DM.
Der wesentliche Unterschied zwischen Bettlern heute und Bettlern damals besteht in den vielen sozialen Maßnahmen, die heute für Kranke und Behinderte wie ein soziales Netz aufgespannt werden.
Deshalb ist es nicht nötig, Bettlern etwas zu geben. Wer es trotzdem tut, kann dies gern tun. Er unterstützt aber den Missbrauch und die Zunahme von Bettlern in unseren Städten.
Zu Jesu Zeiten gab es kein soziales Netz, kein Tagesgeld, keine Rente und kein Harz IV. Der von Geburt an gelähmte Mann brauchte das erbettelte Geld, um davon seinen Unterhalt zu bestreiten. Und ich kann mir vorstellen: Das Geld hat oft nicht gelangt. Und der Bettler wird gehungert haben.
Nun saß er wieder einmal vor dem Tempel.

Und die beiden armen Schlucker, Petrus und Johannes, kamen zum Tempel. Was sie hatten, hatten sie schon in der Gemeinde aufgeteilt. Und so musste es ihnen schon sehr peinlich sein, dass sie keinen Denar in ihrer Tasche hatten. Da sagt Petrus: „Schau uns an!" Und der Bettler erwartete nun das Almosen. Aber Petrus tut nun genau das, was Jesus getan hätte!
Petrus sagt das bekannte Wort: „Silber und Gold habe ich nicht. Was ich aber habe, das gebe ich dir!"
Der Bettler denkt: „Was redet der denn? Nur Bares ist Wahres!"
Und dann ergreift Petrus den Gelähmten und spricht das machtvolle Wort: „Im Namen des Jesus Christus von Nazareth steh auf und geh umher!"
Petrus zieht den Mann hoch. Und, was keiner gedacht hat, der Mann kann gehen, tanzen und springen. Seine Füße tragen ihn. Seine Knöchel sind geheilt. - Wow!
Wie weit sind wir doch heute entfernt von solch einer Kraft des Glaubens!
Wo ist denn die Quelle? Der Gelähmte kann nicht nur mühsam stehen und gehen, nein er kann sogar springen … und Gott loben!
Diese Quelle ist bei Jesus selbst zu suchen.
Jesus hatte seine Freunde beauftragt, so wie er, Kranke gesund zu machen. Und sie konnten es nun tun, nachdem er nicht mehr unter ihnen war.
Jedes Wunder spiegelt die Auferstehung wider. Petrus und Johannes sind sich sicher, dass sie so vollmächtig reden dürfen. Sie reden und handeln, sie heilen aus der Kraft ihres Herrn. Sie sind sich sicher: Was Jesus als Sohn Gottes ihnen gesagt hat, das geschieht.
Und siehe da: Der Kranke wurde geheilt.
Und als sich alle Leute wundern, da erhebt Petrus seine Stimme. Er erklärt, was passiert ist. Er und Johannes haben diese Heilung nicht aus eigener Kraft vollbracht. Dieses Heilungswunder konnte nur geschehen, „weil der Gott Abrahams und Isaaks und Jakobs, der Gott unserer Väter, seinen Knecht Jesus verherrlicht hat. Den ihr dem Pilatus überantwortet habt," - Jesus stand dahinter. Jesus selbst hat geheilt. Petrus und Johannes haben dem Bettler nichts so einfach hingeworfen. Vielmehr haben sie ihn selbst als Menschen angesehen.
Sie haben erkannt, dass er etwas ganz anderes viel nötiger hatte als Gold und Silber: Er brauchte Freiheit. Er suchte Unabhängigkeite von denen, die mit seinem Elend Geschäfte machen wollten. ...und gemacht haben. Irgendjemand verfügte über ihn. Denn es steht im Text: „**Man** setzte ihn vor den Tempel, **damit** er bettelte!"
Das Wort „damit" ist mindestens genauso unheimlich wie das Wörtchen „man".
Bei „man" sind die anonymen Machthaber gemeint. Man setzte ihn vor die Tür des Tempels. Mit dem „damit" werden die Forderungen beschrieben. Damit er um Almosen bettelte.
Im Falle der Unterdrückung und Ausnutzung von Menschen sind die Bedrücker immer schwer erkennbar. Sie halten sich im Hintergrund. Sie „lassen" arbeiten.
Wie kann es sein, dass Menschen andere ausquetschen können? Warum müssen die Schwächsten immer dran glauben?

Blinde, Lahme, geistig Behinderte, Kranke.
Wie nötig ist es da, dass jemand kommt und diese Menschen ansieht!
Hier in der Geschichte wird der Gelähmte nicht nur angesehen. Sondern ihm wird auch geholfen! - Halleluja!
Liebe Mitchristen!
Wer sieht heute die Menschen an, die unterdrückt werden? Wer hat einen Blick für die Leiden unserer Zeit und unserer Welt? Wer weiß um die anonymen Hintermänner und Drahtzieher des Bösen?
Damals wie heute ist es Jesus Christus! Er sieht die Not. Und er sieht die Menschen an.
Er sieht uns an in den vielen Mitarbeitern der Diakonie. Denn die Diakonie ist das andere Standbein der Kirche Jesu heute.
In der Diakonie wie in der Christoffel-Blindenmission und in anderen Hilfswerken wird mehr getan als allgemein bekannt ist.
Mit wenig Geld wird verhindert, dass das Augenlicht verloren geht.
Mit vollem persönlichen Einsatz arbeiten die Menschen, die im Auftrag Jesu sich haben rufen lassen.
Und sie berichten von den alltäglichen Wundern der Befreiung, wenn Menschen wortwörtlich „wieder auf die Beine kommen“.
Keiner von uns ist ein Apostel und hat die Vollmacht, Kranke zu heilen.
Aber wir haben im Namen Jesu vieles, was wir im Glauben verwenden dürfen:
Da ist das Gebet in schweren Lebenssituationen.
Da ist die Hilfe einer Kur in einem Heim der Diakonie.
Da ist die Treue eines regelmäßigen Besuchs.
Da ist das Füreinander-Einstehen in der Gemeinde.
Da ist die ganz praktische Hilfe: Einkaufen, Putzen, Babysitten...
Und über allem gilt das Wort Jesu: Was ihr getan habt einem von diesen Geringen, das habt ihr an mir getan! Amen.

Predigt
- Reihe IV- (8. So. nach Tr.)

Predigttext:	1. Kor. 6, 9-14.18-20		
Lesung:	Mt. 5, 13-16		
Lieder:	EL	449, 1-3	(Die güldne Sonne)
	PS48	728	(Groß ist der Herr...)
	LL	449, 4	(Abend und Morgen)
	HL	319, 1-4	(Die beste Zeit)
	PL	454, 1-6	(Auf und macht die Herzen)
	SL	581, 1-3	(Segne uns, o Herr)

Wir beugen uns vor Gott und beten:
Davon träumen wir, ewiger Gott: Von einer Stadt, in der du wohnst. Von einer Welt, in der deine Güte regiert. Von einer Freundlichkeit, die die Menschen zur Liebe motiviert.
Wie viel Liebe und wie viel Frieden bringen wir in unseren Ort?
Haben wir ihn noch, den Traum vom Reich des Friedens?
Herr erbarme dich!
Kyrie
Gott selbst ist der Friede! Er spricht: Fürchte dich nicht, denn ich bin mit dir; weiche nicht, denn ich bin dein Gott. Ich stärke dich. Ich helfe dir. Und ich halte dich durch die rechte Hand meiner Gerechtigkeit.
Ehre sei Gott in der Höhe...
Ewiger Gott, die Menschen um uns sind uns ein Geschenk. Freunde, Familie, Kinder und Enkel. Menschen, die mit uns arbeiten und wohnen. Wir wollen sie mit Liebe anschauen und Frieden halten mit ihnen. Erfülle uns dazu mit der Macht deiner Liebe, die in Jesus Christus ist und zugleich im Heiligen Geist, unzerstörbar in Ew.
Amen.

Liebe Gemeinde!
Manchmal werde ich gefragt: "Wenn Gott allmächtig ist, wieso lässt er dann all das Schreckliche zu? Warum kann er nicht verhindern, dass Kinder missbraucht werden? Warum kann er nicht verhindern, dass Terroristen zum Ziel kommen und hunderte unschuldige Menschen sterben müssen? Warum kann er nicht verhindern, dass Kriege geführt werden?"
Obwohl wir im Glaubensbekenntnis von Gott, dem Allmächtigen, reden, glaube ich an die Souveränität Gottes. Ich meine das so: Gott hat uns Menschen geschaffen. Und Gott hat uns sein Wort und seine Gebote gegeben. Und nun sind wir dran, daraus etwas zu machen! Und indem wir etwas tun, tun wir es unter den Augen Gottes. Des Gottes, der allmächtig ist in seiner Gnade. Denn keiner, der einen Fehler macht, und zu Gott zurückfindet, keiner wird verurteilt. Der Demütige wird begnadigt! Gott ist allmächtig in seiner Gnade!
Und wenn dann der Apostel schreibt: „Mir ist alles erlaubt, aber nicht alles dient mir zum Guten“, dann weiß er um das Geheimnis der menschlichen Freiheit, die Gott uns schenkt. Wie gesagt, der Allmächtige schenkt uns eine Freiheit, die übermäßig groß ist. Ob Eltern ihren Kindern eine so große Freiheit einräumen würden, ist sehr fraglich. Aber Gott tut es. Und er erwartet einiges dafür.
In unserem Text wird aufgezählt, aus welchen Menschen die Gemeinde von Korinth bestand. Sie haben früher andere Götter angebetet. Sie haben in Unzucht gelebt, ausschweifend und oft menschenverachtend. Nur ihre eigene Lust im Kopf. Sie haben ihre Ehen gebrochen. Manche waren Prostituierte, Menschen, die ihren Körper billig verkauft haben, damit Männer ihre Befriedigung haben konnten. Da waren Homosexuelle, die es besonders mit heranwachsenden Jungs getrieben haben. Da

waren Diebe. Habierige fanden sich zum Gottesdienst ein. Säufer hielten sich zur Gemeinde. Da waren Spötter und Lästerer, die alles ins Schlechte ziehen. Und Räuber waren in Korinth zu Hause.
Und diese alle waren begnadigt! Die Trinker waren trocken, die Diebe haben keine langen Finger mehr gemacht. Die Prostituierten haben von ihrem Gewerbe gelassen. Die Knabenschänder und Homosexuellen konnten auf ihre Lust verzichten. Die Ehebrecher haben nicht mehr anderen Frauen anzügliche Blicke zugeworfen. Alle waren rein gewaschen durch das vergebende Blut Jesu. Alle waren für Gott ausgesondert zum Dienst in der Gemeinde. Sie wurden von Gott gerecht gesprochen durch den Namen ihres Retters und Erlösers: Jesus Christus. Und diese Begnadigung kam durch die Erkenntnis: Unser Körper ist eine Wohnstätte des Heiligen Geistes. Der Leib ist ein Tempel des ewigen Gottes. Mit einem solchen Körper kann man als Christ nicht umgehen wie ein Mensch, der sich selbst nach seinem Leben trachtet. Der menschliche Körper ist etwas Edles und Großes. Gott hat unseren Körper geschaffen. Und Gott will in unserem Leib wohnen!
Natürlich ist mir von Gott alles erlaubt. Ich habe die Freiheit. Aber es ist nicht alles gut!
Lassen Sie mich dafür 2 Beispiele bringen:
(1) Das JSchG. erlaubt erst 16-jährigen Jugendlichen, Alkohol zu trinken. Manche Jugendliche sehen das nicht ein. Sie trinken schon mit 14 Jahren regelmäßig Bier.
Wenn nun ein 14-jähriger Junge jeden Tag regelmäßig 1 Flasche Bier trinkt, dann ist er wegen seiner körperlichen Entwicklungsstufe bereits nach 5 Monaten alkoholkrank. Er ist also schon alkoholsüchtig, ehe er 15 Jahre alt ist.
Wenn ein 25-Jähriger jeden Tag eine Flasche Bier trinkt, ist er aber erst nach 10 Jahren alkoholkrank und süchtig.
Deshalb ist es gut, Jugendlichen keinen Alkohol zu geben.
Der Gesetzgeber hat das bewusst so verboten. Und es ist eine große Dummheit unserer heranwachsenden Jugend, so gierig auf Alkohol zu sein. Natürlich können sie es machen.
Sie können trinken bis zum Umfallen. Sie können kampftrinken und im Krankenhaus enden, wenn sie rechtzeitig noch dorthin kommen bei einer akuten Alkoholvergiftung.
ABER ES IST NICHT GUT!
(2) Ein zweites Beispiel:
In der Praxis eines Frauenarztes sitzt eine Frau. Sie ist Anfang vierzig. Sie klagt gegenüber dem Arzt. Sie sei gefühlskalt. Und sie könne, wenn sie mit einem Mann zusammen ist, nichts empfinden. Im Fachausdruck nennt man das "frigid". Der Arzt unterhält sich lange mit dieser Frau. Er fragt sie nach ihrem sexuellen Lebenslauf. Nein, ihr Vater hätte sich nicht an ihr vergangen. Das gibt es ja auch leider manchmal. Aber dann kommt es: Sie sei mit 14 Jahren schon gut entwickelt gewesen. Und sie hätte damals mit noch nicht 15 Jahren mit einem Mitschüler geschlafen. Und dann hatte sie mit vielen Schülern und Studenten sexuellen Kontakt.

Und sie hat auch geheiratet und hat zwei Kinder. Aber sie ist geschieden. Und jetzt hat sie einen ganz lieben Mann. Den will sie auch heiraten. Aber es geht nichts.
Und dann sagt der Arzt zu ihr: "Sie müssen in psychotherapeutische Behandlung. Wir kommen hier nicht weiter. Aber wir wissen: Je jünger Mädchen sind und sexuellen Kontakt in der frühen Jugend haben, um so später können sie Erfüllung finden im Ehebett."
Wenn ich den Konfirmandinnen sagen würde: Ihr dürft Sex erst ab 18 haben, dann würde ich ein unverständiges Kopfschütteln ernten.
Natürlich nehmen sich viele Mädchen schon zeitig einen Jungen, weil die so unverschämt drängeln. Aber das ist doch nicht gut für unsere Kinder! Sollen sie die Schönheit der Zweisamkeit in ihrem späteren Leben nie erleben können, weil sie nicht warten konnten?
Die amerikanische Jugendbewegung "Kein Sex vor der Ehe" ist nicht abzulehnen. Sie bewahrt viele Mädchen und Jungs freiwillig vor schlimmen Erfahrungen. Denn: Man kann nicht alles vorher ausprobieren. Vor allem nicht mit Menschen. Weil Menschen keine Versuchskaninchen sind.
Und manche Jungs denken so über die Mädchen. „Probier ich es einmal mit der. Morgen kommt die andere dran.“ Und sie richten großen Schaden in der Seele der Mädels an!
Es ist alles erlaubt, aber es nicht alles gut! Das heißt für meinen Körper: Mein Körper gehört nicht mehr mir allein. Mein Leib ist ein Tempel des Heiligen Geistes. Ich weiß, dass der kurzfristige Verzicht die bessere Wahl ist in Bezug auf das spätere Glück. Was heißt das nun, Gott mit meinem Leib zu ehren?
1. Ich gönne meinem Körper genügend Schlaf.
Ich muss nicht mehr den letzten Film im Fernsehen anschauen, wenn ich frühmorgens zur Arbeit muss. Mein Körper braucht Ruhe, um Kraft für den nächsten Tag zu sammeln.
2. Ich halte meinen Körper fit. Sport sollte kein Fremdwort sein. Bewegung und Laufen sind unbedingt nötig für Geist und Seele, für die Verdauung und für die Atmung.
3. Ich halte von meinem Körper alle Gifte fern. Rauchen und zuviel Alkohol schaden meinem Wohlbefinden auf Dauer. Der selige Rausch wird doch oft zum elenden Kater am nächsten Tag.
4. Der Ruhetag und Feiertag ist für meinen Körper wichtig. Wenn der Heilige Geist darin wohnen soll, muss der Körper auch Gott in der Gemeinde am Sonntag loben können. Er darf singen und spielen zur Ehre Gottes. Auch zum Aufbau der Gemeinde. Über die Ohren soll er aufnehmen, was Gott zu uns zu sagen hat.
An den vielen Sünderinnen und Sündern in Korinth können wir sehen, wie allmächtig Gott ist in seiner Gnade. Viel Elend in unserer Welt geht nicht auf sein Konto. Denn wenn Menschen ihren Leib einen Tempel des Heiligen Geistes sein lassen würden, dann würde sich vieles ändern, so wie es in der Hafenstadt Korinth Wirklichkeit wurde.

Die Gemeinde der Christen wirkte in diese Stadt hinein. Und langsam wuchs wieder die Barmherzigkeit. Und die Liebe wurde zur Liebe. Sie befreite sich von der Handelsware, die man kaufen konnte. Und die verachteten Sklaven konnten ebenbürtige Gemeinschaft am Tisch des Herrn erfahren. Wo gab es das denn sonst?
Martin Luther hat mit zwei sich widersprechenden Sätzen ganz deutlich gemacht, wie christliche Freiheit und Bindung verstanden werden müssen:
Er sagt 1520 am Anfang der Schrift "De servo arbitirio" zu deutsch: Von der Freiheit eines Christenmenschen:
Ein Christenmensch ist ein freier Herr über alle Dinge und niemandem untertan.
Ein Christenmensch ist ein dienstbarer Knecht aller Dinge und jederman untertan.
Um diese zwei sich widersprechenden Aussagen von der Freiheit und Dienstbarkeit zu verstehen, sollen wir bedenken, dass ein jeder Mensch zwiefacher Natur ist, geistlicher und leiblicher. (Luther)
Für uns heißt das: Wenn wir Christen werden, bleiben wir der oder die, die wir sind. Aber unser innerer Mensch wird erneuert und gereinigt. Wir werden fähig, mit unserem Leib auf vielfältige Weise Gott zu dienen.
Sogar noch mehr: Wir werden selbst ein Tempel des Heiligen Geistes. Jesus zieht in diesen Tempel ein. Und Unzucht und alles Böse wird nicht mehr möglich. Jesus ist ja immer bei uns!
Wo wir straucheln, da hilft uns der gnädige Gott auf zu einem erneuerten und dankbaren Leben. Uns wird nichts fehlen. Nichts von all dem, was wir vorher als lebensnotwendig betrachtet haben.
Für den, der glaubt, ist nicht mehr wichtig, welches Auto er fährt oder welches Einkommen er hat. Wichtig ist, dass Gottes neue Welt jetzt schon anbrechen kann. Und dass wir geistlicher Natur werden, wir und unser Leib als Tempel des Heiligen Geistes. Amen.

Gottesdienst am 2. Sonntag nach Trinitatis
Predigttext: **1. Kor. 14, 1-3.20-25**
Lesung: Lk. 14, 16-24

Lieder:

EL	257, 1-3	(Der du in Todesnächten)
PS36:	719	
LL	225, 1	(Komm, sag es allen weiter)
HL	250, 1-3	(Ich lobe dich von ganzer Seele)
PL	161, 1-3	(Liebster Jesu, wir sind hier)
SL	611, 1-4	(Freut euch, wir sind Gottes Volk)

Wir beugen uns vor Gott und beten:
Die Gemeinschaft aller Menschen, wo ist sie verwirklicht?
Wir erleben eher Abgrenzung, Feindschaft, Vorurteile und Demütigungen. Wir erleben Machtkämpfe, Krieg, Not und Gewalt.

Du sättigst alle deine Kinder bei deinem Festmahl.
Das Bild lässt uns hoffen.
Wir sind eingeladen, nicht nur die Guten. Alle sollen satt werden an deinem Tisch, erfüllt von himmlischer Freude.
Wir suchen Gemeinschaft, wir suchen Gerechtigkeit.
Wir suchen Freude und dein herzliches Erbarmen.
Herr, erbarme dich...
Gnadenspruch:
So spricht der Herr: Ich will die Müden erquicken und die Verschmachtenden sättigen.
Tagesgebet:
Lasst uns abschließend beten!
Ganz nah ist uns dein Wort, heiliger Gott!
Ganz nah ist uns deine Gnade.
Dein Wort lädt uns ein, zu dir zu kommen
und anderen Schwestern und Brüdern zu begegnen.
Deine Gnade schafft uns Raum, einander zu begegnen.
Dank sei dir in dieser Stunde für deine Gnade und dein Wort!
Amen.
TEXTLESUNG SPÄTER!
Liebe Gemeinde!
Das heute im Text angesprochene Thema ist nicht einfach. Wir werden manches erklären müssen, was nur wenige wissen können. Wir werden vielleicht auch einige Umwege gehen müssen, um am Ende das Ziel dieser Predigt zu erreichen. Und als Ziel möchte ich so formulieren: **Alles, was wir im Gottesdienst tun, sagen, singen oder beten, alles muss verständlich und nachvollziehbar sein.** -
Textlesung
Gebet!
Es ist nicht allzulange her. Da sang ein Gospel-Chor. Ich finde die Gospel sehr schön. Aber gleichzeitig habe ich mich geärgert. Ich habe von den schönen Liedern kein Wort verstanden. Weder im Programmheft standen deutsche Übersetzungen der Texte, noch hat ein Chormitglied den engl. Text kurz erklärt. Nun ist es vielleicht beschämend, wenn ich nicht Englisch gelernt habe. Aber andererseits müssen wir auch aufpassen, dass unsere Gottesdienste nicht nur für die Abitur-Abgänger mit Fremdsprache Englisch ausgelegt sind. Die Hauptschulabgänger möchten auch gern mitsingen und mitfeiern.
Oder ein anderes Beispiel. Ein Dirigent hat in einem Chor zwei volle Stunden nur lateinische Messetexte singen lassen. Die Chormitglieder können kein Latein. Sie waren total verärgert. Sie wollen doch wissen, was sie singen, wenn sie "et in carnatus est" singen sollen.
Die Christen in Korinth hatten auch so eine Spezialität in ihrem Gottesdienst.

Und darauf waren sie stolz. Da gab es etliche, die redeten in anderen Sprachen. Die beteten in einer Art, die als das Sprachengebet, als Zungengebet bezeichnet wird. Zungengebet deshalb, weil im Griechischen das Wort "Sprache" und das Wort "Zunge" das gleiche bedeuten. Ist auch ganz logisch: Denn ohne Zunge gibt es kein Sprechen.
Und dieses Sprachengebet haben sie dem Apostel vorgehalten. Und sie waren so sehr von sich überzeugt, dass sie diese Gabe des Heiligen Geistes von allen gläubigen Christen verlangen. So nach dem Motto: "Wer das nicht kann, der ist kein frommer Christ!"
Ich darf Ihnen kurz beschreiben, was das ist, wenn jemand im Geist betet. Da ich auch Hebräisch gelernt habe, empfinde ich das Sprachengebet als eine Art hebräisch-arabische Form der Sprache. Manche Christen sind in der Lage, in dieser Sprache zu beten. Wenn ich das höre, dann klingt das wie ein ganz warmer Landregen, zart, voller Hingabe und voller Sehnsucht nach Gott.
Das Auslegen des Willens Gottes, die prophetische Rede also, ist wichtiger als die Zungenrede. Das ist die nachlesbare Meinung des Apostels. Denn wenn jemand Kirchenfernes kommt. Und er hört die Gemeinde in Zungen reden und beten, dann denkt er: "Die sind von Sinnen!" Wenn er aber eine gute Predigt hört. Und sein Herz wird bewegt. Und er erkennt seine Sünde und Schuld. Und kehrt um und folgt Jesus nach, dann ist mehr gewonnen als durch das Zungenreden. Hier wurde jemand gerettet. Da haben sich die Christen nur selbst erbaut.
Und im Fall der Christen von Korinth haben sie sich noch selbst über die anderen Mitchristen erhoben. "Wir können in Sprachen beten! Was habt ihr vorzuweisen?" Und wenn du nicht mitkannst, dann bist du so gut wie ausgeschlossen.
Aber, liebe Leute! Alles, was wir im Gottesdienst tun, muss verstehbar und nachvollziehbar sein! Das will Paulus deutlich machten. Wenn wirklich jemand in anderen Sprachen reden will, dann muss auch jemand da sein, der es übersetzen kann. Sonst soll man es im Gottesdienst nicht üben.
Das war ja auch das Anliegen von Martin Luther vor 500 Jahren. Er wollte den Leuten "auf's Maul schauen", er wollte wissen, wie sie reden. Und danach hat er die Bibel ins Deutsche übersetzt.
Heute müssen wir den Menschen um uns herum genau zuhören, damit wir so reden können, wie sie es verstehen.
Es ist doch vollkommen klar, dass das Lied aus der heutigen Zeit mit dem Wortlaut "Meine Zeit steht in deinen Händen" viel lieber gesungen wird als das Lied "Valet will ich dir geben, du arge, falsche Welt; dein sündlich böses Leben durchaus mir nicht gefällt." Im ersten Lied wird Psalm 31 mit heutigen Worten nachgedichtet. Im zweiten Lied wird mit Latinismen, mit lateinischen Ausdrücken, die früher bekannt waren, ausgedrückt, wie schlimm das Leben auf dieser Erde ist.
Oder wenn ich Sie begrüße, wie in der Liturgie vorgesehen: "Der Herr sei mit euch - und mit deinem Geist" - da runzelt ein Kirchenferner die Stirn. Er erwartet doch viel eher ein "Herzliches Willkommen zum heutigen Gottesdienst". Oder wenn in unseren

Gottesdiensten jemand vom KGR vorn steht und mit charmanten Worten in den Gottesdienst einführt und uns begrüßt, dann kommt das doch viel besser an!
Alles, was wir im Gottesdienst tun, muss verstehbar sein!
Der Apostel Paulus musste sich mit dieser Frage immer wieder auseinandersetzen. In jeder Gemeinde wurde anders Gottesdienst gefeiert.
Dort, wo Juden zum Glauben an Jesus Christus gekommen waren, dort richtete sich der Gottesdienst nach der Feier in der Synagoge. Und dort, wo Nichtjuden zum Glauben gekommen waren, leuchteten in den Gottesdiensten manchmal ein wenig die früheren Formen durch, aus den Bräuchen der Ungläubigen. In Korinth war alles das Mode, was spektakulär wirkte. Die Hauptsache war, dass etwas Außergewöhnliches los war. Da gab es turbulente Versammlungen. Stark bewunderte Auftritte von einzelnen Menschen, die in höchster Ekstase unverständliche Laute murmelten.
Wieder einmal weist Paulus dahingegen hin auf die Liebe.
Wenn du die Menschen liebst und sie zu Jesus führen willst, dann kann es das nicht sein. Dann musst du klar und verständlich reden. Dann muss dein Mund mit verstehbaren Worten Gott loben und preisen.
Paulus ist nicht gegen Neues. Aber das Neue muss Christus predigen. Das Neue muss verstanden werden können. Seine Kriterien für einen guten Gottesdienst sind folgende:
1. Es gibt kein richtig oder falsch.
2. Dem Juden eine Jude, den Griechen ein Grieche werden. Hinein-schlüpfen in die Kultur des anderen Mitchristen, ihn verstehen lernen und seine Art anerkennen, wie er Christus ehrt.
3. Sich fragen lassen, wer geehrt werden soll.
- Wenn es der geistlich bewegte Mensch sein soll, dann ist es nicht richtig!
- Wenn es Jesus Christus ist, der im Mittelpunkt steht, dann ist es vollkommen in Ordnung!
4. Immer wieder die Verstehbarkeit für Außenstehende einfordern. Das reformatorische Prinzip, dass der einfache Mann auf der Straße verstehen muss, was der gelehrte Mann von der Kanzel spricht, das ist unaufgebbar.
5. Wie werden unsere Gottesdienste anziehend für Außenstehende?
Was tun wir einladend, abholend, mitnehmend, mitfühlend?
Wir müssen nicht modern um jeden Preis sein. Aber wir sollten auf der Höhe der Zeit sein!
Die evangelischen Volkskirche hat geschlafen, als die Arbeiter von den Gottesdiensten weggeblieben sind. Wenn es nicht die diakonischen Initiativen im ausgehenden 19. Jhd. gegeben hätte, wäre die Kirche heute wesentlich schwächer. Natürlich hatte die Ideologie der Arbeiterklasse dem Christentum großen Schaden zugefügt. Aber es waren zu wenige, die sich in der Volkskirche damit auseinandergesetzt haben. Hier in unserer Gegend gab es vor 90 Jahren die ersten Kirchenaustritte. "Warum soll ich zu einer Kirche gehören, die ich nicht verstehen kann und die mich nicht versteht?" Den schlagenden und strengen Pfarrer hat mancher früherer

Konfirmand in negativer Erinnerung. Und wenn der Junge gar noch unehelich war, dann ging es ihm um so schlechter. Wie sollte so ein Junge etwas von Gottes Liebe verstehen? Nein, das war ein ungute, eine nichtchristliche Zeit.
Kommen wir zum Schluss. Es gibt eine kleine Geschichte, die erzählt, was aus Liebe zu Gott alles geschehen kann. Auch in einer Kirche.
Ein Clown zieht schon sein Leben lang mit seinem Hund von Dorf zu Dorf. Mit kleinen Kunststückchen hält er sich über Wasser.
Eines Tages begegnete ihm ein Mönch. Der macht ihm angst und bange. Er redet vom Sterben und vom Gericht. Der Clown ist sehr betroffen. Er geht in sich und tritt in ein Kloster ein.
Im Kloster hütet er die Schweine. Eines Tages hört er den Abt predigen: "Alles, was aus Liebe geschieht - und wenn es die kleinste Tat ist - ist vor Gott gut und wohlgefällig."
Am nächsten Tag fehlt der Clown beim Mittagessen. Alle machen sich Sorgen. Sie stehen auf und suchen nach dem Mitbruder, der früher einmal Clown gewesen ist. Schließlich finden sie ihn.
Sie finden ihn in der Klosterkirche. Sie sehen ihn: Er schlägt Rad vor dem Heiland. Er läßt den Stock auf der Nase tanzen. Und sein Hund bellt dazu. Nun beginnt er auch noch, die Bälle in die Luft zu werfen!
Der Abt und die Mitbrüder sind entsetzt. Und als sie gegen die vermeintliche Gotteslästerung im Heiligen Raum einschreiten wollen, sind sie wie gefesselt. Sie sehen, wie sich der Heiland vom Kreuz beugt und dem alten Clown freundlich lächelnd den Schweiß von der Stirn wischt. Mit einer liebevollen Handbewegung bedankt sich der Heiland bei dem Bruder-Clown. Und der Abt und die Mitbrüder können erleben: Alles, was aus Liebe geschieht, das gefällt Gott!
Frage zum Nachdenken: Was könntest du einbringen, was aus Liebe zu deinem Heiland andere Menschen erbauen könnte? Amen.

Predigt
Predigttext: Gal. 5, 22-26
Lesung: Jes. 58, 7-12
Der Predigttext in der heutigen Sprache der Jugendlichen:
Liebe Leute!
Gottes Plan sieht für jeden von euch eine totale Freiheit vor.
Trotzdem solltet ihr diese Freiheit nicht missbrauchen, indem ihr ein verkehrtes Leben führt. Besser wäre es, ihr nutzt eure Freiheit, um euch gegenseitig zu lieben und zu respektieren.
Man kann nämlich alle Gesetze von Gott in diesem einen Ding zusammenfassen: Liebe die Menschen, mit denen du es zu tun hast, genauso, wie du dich selbst liebst.
Darum mein Tipp an euch: Gebt die Kontrolle über euer Leben radikal an die Kraft Gottes weiter, an seinen hl. Geist. Wenn ER den Joystick eures Lebens voll in der

Hand hat, dann habt ihr kein Problem mehr mit den Versuchungen der übelsten Sorte. Das ist doch die „Nach-mir-die-Sintflut“-Einstellung, das sind okkulte Praktiken, das ist die nicht aufgearbeitete Vergangenheit, das sind Intrigen, Streit, anderen nichts Gutes gönnen, Alkoholismus, Drogensucht, immer auf Ärger aus sein, sich selbst als Mittelpunkt der Welt fühlen. Wer das tut, hat in dem Land, wo Gott das Sagen hat, nichts zu suchen.
Die Charaktereigenschaften, die bei euch entstehen, wenn der Hl. Geist euren Joystick in der Hand hat, sehen aber so aus:
Liebe – Frieden – Geduld – anderen verzeihen können (Güte) – anderen Gutes gönnen (Freundlichkeit) – treu sein – nett sein zu den Menschen (Sanftmut) – Selbstbeherrschung – gerecht sein – die Wahrheit sagen – Freude ausstrahlen.
Daß wir uns auf diese Früchte des Hl. Geistes etwas einbilden, das haben wir nun nicht mehr nötig!
Zur Feiheit hat uns Christus befreit! Halleluja!
Liebe Freunde!
Wenn ich Sie fragen würde, was Früchte sind, dann würden Sie selbstverständliche all das nennen, was hier von liebevollen Händen aufgebaut ist. Äpfel, Trauben, Birnen, Kürbisse, Bohnen, Kohlrabi, Blumenkohl und die vielen Früchte, die wir heute nicht mehr essen, Eicheln und Buchäcker, Holunderbeeren und Hagebutten. Da wachsen so viele Früchte. Und wir sind gar nicht in der Lage, aus der Fülle dieser Früchte, sie alle zu verwerten. Ja, Gott hat uns auch in diesem Jahr wieder eine reichliche Ernte geschenkt!
Deshalb feiern wir. Deshalb danken wir. Deshalb singen wir Gott schöne Lieder!
Es ist traumhaft schön, in einer solchen Welt zu leben. Gott gibt uns alles reichlich. „Er träuft, wenn heim wir gehen, Wuchs und Gedeihen drauf!“ Du brauchst nur zu warten. Und alles wird reichlich und schmackhaft und wunderbar!
Wenn es doch im menschlichen Zusammenleben auch so wäre!
Wir haben Worte von Paulus gehört. Von der Freiheit. Von der Freiheit, die uns durch den Glauben an Jesus Christus geschenkt wird. Wenn Jesus unseren Joystick in der Hand hält. Wenn Jesus unser Herz regiert. Und wir wollen heute mit Hilfe dieser Worte einmal darüber nachdenken, was denn die Früchte sind, die uns durch den Glauben geschenkt werden. Jedenfalls sind es gute Früchte. Es sind Früchte, die bis hin zu den Menschen reichen, die unter schlimmen Katastrophen leiden.
Lassen Sie uns gemeinsam auf die Suche nach diesen Früchten gehen.
Hier sind sie.
Wer kann mir helfen?
(Kind auswählen, oder mehrere)
Liebe - Frieden - Geduld - anderen verzeihen können (Güte) - anderen Gutes gönnen (Freundlichkeit) - treu sein - nett sein zu den Menschen (Sanftmut) - Selbstbeherrschung - gerecht sein - die Wahrheit sagen - Freude ausstrahlen
(Die Früchte sind auf Pappe gemalt und können an einem Baum aufgehängt werden.)
Freies Gespräch beim Aufhängen der Früchte! Amen.

Predigt vom 11. Sonntag nach Trinitatis
Predigttext: Eph. 2, 1-10
Lesung: Lk. 18, 9-14

Lieder:	EL	503, 1-3	Geh aus, mein Herz
	PS 113: EG 761		
	LL	503, 8	Ich selber kann und mag nicht ruhn
	HL	993, 1-3	Wo Menschen sich vergessen
	PL	951	Herr, ich komme zu dir (mit Stille)
	SL	971, 1+2	Mögen sich die Wege

Laßt uns beten:
Du wissender Gott, du verstehender Herr,
wir beten zu dir, um dir in Wahrheit zu sagen, wie es um uns steht. Doch wer kann sich selbst erkennen, ohne sich zu beschönigen oder ohne sich schlecht zu machen? Wer kann sich erkennen, ohne sich mit anderen zu vergleichen, sie zu beneiden oder sie herabzusetzen?
Befreie uns, Herr, und öffne unser Herz. Zu dir rufen wir:
Herr, erbarme dich!
So tröstet uns Gottes Wort: Aus Gnade seid ihr selig geworden durch den Glauben, und das nicht aus euch selbst: Gottes Gabe ist es. Ehre sei Gott in der Höhe...
Wir beten abschließend:
Gott, du befreist uns von unserem Hochmut und machst uns zu Menschen , die von deiner Liebe erfüllt sind. Wir bitten dich, zeige uns deine Gegenwart und höre unser Singen, Beten und Reden durch unseren Herrn Jesus Christus, der mit dir und dem Hl. Geist lebt und regiert in Ewigkeit.
Textlesung
Predigtbitte
Liebe Gemeinde!
Was wird anders im Leben eines Menschen, wenn er Christ geworden ist? Für ihn sind es ja zwei Abschnitte. Ein Abschnitt ist die Zeit vor der Hinwendung zum Glauben. Der zweite Abschnitt ist die Zeit nach der Bekehrung.
In unserem Bibeltext wird sehr, sehr scharf über den ersten Abschnitt geschrieben: Ihr wart früher tot. Ihr wart begraben unter euren selbstsüchtigen Wünschen. Ihr habt euch von eurem eigenen Willen verführen lassen. Eure Triebe haben euch versklavt. Die Mächtigen dieser Welt haben euch diktiert, was ihr tun solltet. Sogar ihre Worte habt ihr nachgesprochen. Aber das war ein Leben, das Gott nicht gefallen hat. Und ein solches Leben hat auch keinem gut getan.
Immer, wenn jemand von außen bestimmt ist, dann kann er nicht mehr nach dem Willen Gottes leben.
Aber Gott will, daß wir Menschen den jeweiligen Weg gehen, den ER für uns bestimmt hat. Aber wie erkennen wir diesen Willen Gottes für unser Leben? Gott redet doch heute höchst selten zu uns, wie er zu Mose geredet hat: Direkt, klar, verstehbar.

Es hat mich als jungen Menschen sehr stark beschäftigt, wie ich wohl den Willen Gottes für mein Leben erfahren könnte. Im Gebet habe ich nichts gehört. Im Gottesdienst waren nur wenige Sätze, die mich haben aufhorchen lassen. In der Jugendstunde ging es meistens um das andere Geschlecht. Da war wenig Wille Gottes für mich zu erkennen. Am deutlichsten kam Gottes Wille zu mir beim Lesen der Bibel. Da wurde mir unverfälscht und unerklärbar offenbar, was Gott von mir will. Deshalb halte ich den Kontakt mit dem Wort der Bibel jeden Tag neu für überaus wichtig. Wenn Gott heute zu uns reden soll, dann in seinem Heiligen Wort!
Natürlich kann Gott auch heute direkt zu uns sprechen oder uns Dinge zeigen über Begegnungen und in der Natur. Aber das sind Ausnahmen!
Auch heute hören wir wieder Gottes Stimme, wenn wir lesen: Ihr seid auferweckt zu einem neuen Leben!
Jetzt ist doch alles anders als vor der Hinwendung zum Glauben!
Ihr seid gerettet. Ihr seid aus den Zwängen eures Lebens befreit.
Ängste und Bindungen gehören der Vergangenheit an.
Ihr könnt euch glückselig fühlen. Ihr seid überreich beschenkt durch die Wende zu Jesus Chr. Ihr seid nicht mehr herumirrende Fremde. Ihr gehört richtig dazu. Ihr habt den Schlüssel zum Haus der Gemeinde. Ihr müsst nicht mehr anklopfen und abwarten, ob euch jemand öffnet.
Ihr könnt Gutes tun. Eure Gedanken sind erfüllt von den Worten des Heilandes. „Selig sind die Barmherzigen, selig sind die Friedfertigen, selig sind, die reinen Herzens sind."
Und ihr wisst, wo ihr Schuld abladen dürft.
Vorher tot und versklavt – jetzt selig und fähig zur guten Tat.
Das sind die alten Worte der Bibel. Wir würden es vielleicht heute anders sagen. Aber die Charaktere der Menschen von damals sind doch ziemlich ähnlich unseren Charakteren.
Mächtige Verführungen erleben wir auch heute.
Wo uns die Luft zum Atmen genommen wird. Wo uns die Freiheit des Dienstes eingeschränkt werden soll. Wo ungeistlich ausgerichtete Menschen geistliche Entscheidungen treffen wollen. Aber sie sind dazu nicht in der Lage, weil sie selbst nicht auf Gott hören.
Wo man Unversöhnlichkeit thematisiert. Wo Verleumdungen die Runde machen. Wo uns die Werbung belügt. Und wo uns der Fernseher in seinem Bann hält.
Diese Mächte treten uns heute gegenüber. Viele Menschen sind ihnen ausgeliefert.
Da ist es verstehbar, wenn manche sich schon tot fühlen. Erschlagen von der Flut der Bilder. Fertig und unausgeschlafen vom Fernseh-Konsum. Verführt von der Werbung laufen sie Produkten nach, die sie gar nicht brauchen. Der Arbeitsmarkt schüchtert sie ein. Und die Erwartungen und Ansprüche der Arbeitsämter erdrosseln die noch willigen Arbeiterinnen und Arbeiter.
Da ist es wie ein Freudenfest, wenn uns das Wort erreicht:
Aus Gnade seid ihr selig geworden. Und das nicht aus euch selbst, Gottes Gabe ist es!

Unser Glaubenszeuge aus dem ersten Jahrhundert meint:
Gott ist für uns wie ein großer Schirm. Ein Schirm, der uns bei Regen auch wirklich schützen kann. So ein großer Diplomatenschirm! Alles, was uns ans Leben will, das gleitet ab. Denn Gottes Schutz ist da!
Wer unter diesem Schutz Zuflucht gefunden hat, der weiß um die Gnade, die von Gott kommt. Und in seiner Gnade ist uns Gott immer weit voraus.
Da kommen Menschen in unsere Bergkirche. Sie waren schon lange nicht mehr in einer Kirche. Vielleicht sind sie gar aus ihrer Kirche ausgetreten. Und dann sitzen sie da in der Kühle des Raumes in diesem Sommer. Sie sind still vor Gott. Sie zünden eine Kerze an. Sie fühlen diesen großen Schirm der Gnade in diesem Augenblick. Und sie schreiben in unser ausliegendes Buch: „Ich weiß, dass mein Erlöser lebt!"
Ein anderer schreibt: „Es ist hier so gnädig schön!"
Und ich kann nur wiederholen: Aus Gnade seid ihr selig geworden!
Unsere Kirchen sind Räume der Gnade.
Da ist der Alltag mit seinem Stress aufgehoben. Wir haben eine Freistatt, die uns wirklich Freiheit gestattet. Da gibt es keine Reklamebänder wie in den Stadien. Da wechselt man nicht laufend die Bilder, die irgend jemand finanzieren konnte. Da ist alles so, wie vor 1000 Jahren. Eindrücklich, gnädig und klar. Und überhaupt nicht unmodern!
Raum der Gnade, Raum der Stille, Raum der Besinnung.
Unsere Bergkirche ist ein geistlicher Schatz von ganz besonderer Art!
Es ist gut, dass sich so viele für den Erhalt einsetzen.
Eine Rettung aus Gnade ist ja ein Gut für alle Menschen! Und nichts darf uns abhalten, dieses Gut weit auszubreiten.
Wir leben unter Gottes Schutz und Schirm! Aber ist dann schon alles in Ordnung? Haben wir nicht auch weiterhin Fehler, Schwächen und auch Sünden? Ja wir brauchen Vergebung und wir leben von der Vergebung. Und dabei ist uns der gnädige Gott voraus. Er wartet auf uns und umgibt uns mit seiner liebenden Gnade!
Im Bild unseres Bibeltextes sind wir mit dem Kopf schon im Himmel und mit den Füßen noch ganz auf der Erde. Die Vision des Glaubens erfüllt unser Herz. Und Jesus Christus richtet unsere Füße auf das weite Feld der Mission. Unser Traum von der Gemeinde der Gläubigen ist kein Traum mehr. Wir setzen ihn in die Tat um.
Was wird nun anders, wenn jemand Christ wird?
Die Antwort wird differenziert ausfallen müssen.
Für die einen wird es erfüllte Lebensabschnitte geben.
Für die anderen werden dunkle Schatten vorrangig sein.
Aber in den einen wie den anderen Lebenssituationen werden wir erfahren, was David schon erfahren durfte:
„Und ob ich schon wanderte im finsteren Tal, fürchte ich kein Unglück, denn du bist bei mir! Dein Stecken und Stab trösten mich!"
Wir dürfen darauf vertrauen: Gott ist immer nah!
… und wo du auch nur eine Spur im Sand erkennst, da hat dich Gott getragen!

Ein Werbespot für Anfänger im Glauben müßte heißen:
„GREIFEN SIE ZU. WAGEN SIE DEN ANFANG! Es lohnt sich wirklich!"
Oder wie es das Lied sagt: Vertraut den neuen Wegen! (395)

Predigt vom 19.Sonntag nach Trinitatis
Predigttext: Eph. 4, 22-33
Lesung: Mk. 2, 1-12

Lieder:	EL	333, 1-4	Danket dem Herrn
	PS	716	(32) Wohl dem, dem die Übertretungen
	LL	333, 6	Singet dem Herrn
	HL	320, 1+5+8	Nun lasst uns Gott, dem Herren
	PL	373, 6	Jesu, hilf siegen und lass mir's gelingen
	SL	264, 1-3	Die Kirche steht gegründet

Wir besinnen uns und beugen uns vor Gott. Lasst uns beten:
Herr, Schuld bedrückt uns. Wir scheuen die Erinnerung. Manche betäuben die Unruhe ihres Herzens. Aber so werden wir nicht heil.
Ich suche den Ort, an dem ich mich erinnern kann. An dem ich sagen kann, was mich bedrückt.
Gott, rette uns und lass unsere Seele gesund werden.
Herr, erbarme dich!
So spricht uns die Hl. Schrift Trost zu:
Barmherzig und gnädig ist Gott, geduldig und von großer Güte...
Ehre sei Gott in der Höhe...
Lasst uns abschließend beten:
Gott, du heilst uns an Leib und Seele. Du vergibst uns, was uns bedrückt, wenn wir zu dir kommen.
Lass uns neu werden durch die Kraft deines Geistes
durch Jesus Christus, unseren Herrn, der mit dir und dem Hl. Geist lebt und regiert in Ewigkeit. Amen.
Liebe Gemeinde!
Nicht mit unsere Taten, sondern mit unserem Glauben werden wir gerettet.
In unserem Bibelwort werden alle bösen Taten des Menschen genannt. Und zwar des Menschen, der nicht vom Glauben durchdrungen ist. Die Folge ist der Verfall aller Werte. Deshalb gehört Gott in unsere Verfassung, auch in die europäische. Deshalb ist die Herzensbildung durch den Glauben dringender als je zuvor. Deshalb brauchen wir RU in der Schule.
Ich will versuchen, das an unserer Haustafel urchristlicher Gebote nachzuzeichnen:
Martin Luther hat geäußert: Es hilft gar nichts, wenn Menschen heilige Kleider anziehen oder heilige Räume bevorzugen, wenn sie wallfahrten und viele Kerzen anzünden, wenn sie fasten und sich selbst peinigen. Solange nicht das Herz vom Glauben erfüllt ist, hat das alles keinen Zweck!
Der alte Mensch mit seinen Begierden muss abgelegt werden.

Der neue Mensch muss angezogen werden. Er kennzeichnet sich durch wahre Gerechtigkeit und durch Heiligkeit. Und das Ankleiden des neuen Menschen geschieht durch die Erneuerung des Menschen im Geist und im Sinn, also in unserem Herzen.
Herzensbildung ist gefragt. „Schaffe in mir Gott ein reines Herz und gib mir einen neuen, gewissen Geist!“ (Ps. 51) Das betet David.
Unsere Sehnsucht muss sich danach richten, dass der Glaube an Jesus wichtig wird. Dass Jesus mein ganz persönlicher Herr und Heiland wird. Dass mein Glaube unerschütterlich auf Jesus gegründet ist.
Ja, Jesus nur allein.
Wer Jesus in seinem Herzen hat, der hat gar nicht die Möglichkeit zu lügen. Jesus ist ja die Wahrheit! Jesus hat ja alle Lüge aus unserem Herzen hinausgeworfen! (25)
Der vom Glauben ergriffene Mensch muss bei der Wahrheit bleiben. Er ist ja bei Jesus! Pilatus fragt Jesus: Was ist Wahrheit? Pilatus konnte nicht verstehen, dass Jesus die Wahrheit in Person ist. Für den alten Fuchs gab es keine Wahrheit mehr!
Die Wahrheit des Pontius Pilatus hieß: Alle nur denkbaren Mittel einsetzen, damit die Macht gesichert wird. Er will ja bald eine gehobenere Stellung einnehmen. Denn als Gouverneur in diesem letzten Winkel der Welt zu leben, zumal mit einem durchaus schwierigen Volk, das immer nur von der Thronherrschaft Gottes redet. Das wollte Pilatus schon lange nicht mehr.
Da rollten Köpfe, da wurde hart durchgegriffen. Lüge und Korruption waren die Mittel und Wege des Pilatus.
Auf die personifizierte Wahrheit kann er nur mit Spott reagieren: „Was ist Wahrheit?!“ Die gibt’s doch nicht mehr!
Ein Christ kann und darf so nicht denken. Jesus, der die Wahrheit ist, leitet zu einem Leben in Wahrheit an!
Das nächste im Text ist: Zürnt ihr, dann sündigt nicht! Lasst die Sonne nicht über eurem Zorn untergehen. Gebt nicht Raum dem Teufel.
Zorn kann uns manchmal ergreifen. Zorn über Ungerechtigkeiten. Zorn über Unabänderlichkeiten. Zorn auf Menschen. Zorn auf die Regierung.
Jesus war auch zornig, als er das Kaufhaustreiben im Tempel erleben musste. Und in seinem Zorn stieß er die Tische um. Er wischte das Geld der Wechsler vom Tisch. Mit einer Art Geisel trieb er die Händler aus dem Tempel: „Gott spricht: Mein Haus soll ein Bethaus sein, ihr aber habt es zu einer Räuberhöhle gemacht!'“
Ein heiliger Zorn war das. Die Tempeldiener waren zutiefst entsetzt.
Unser Bibelwort meint den Zorn zwischen zwei Menschen, den Zorn in der Familie und in der Ehe. Natürlich kann es einmal zu einer Auseinandersetzung kommen. Natürlich fallen da manchmal Türen laut zu. Aber der Rat ist gut: Lasst die Sonne nicht untergehen, sondern versöhnt euch vor der Nacht. Redet miteinander. Vergebt euch und haltet dann einen gesunden Schlaf, weil ihr alles geklärt habt.
Leider gibt es Leute, die reden dann eine ganze Woche nicht miteinander. Da frisst der Hass. Und die Einsamkeit ist groß!

Du sollst nicht stehlen. Du brauchst es nicht, denn du kannst arbeiten und schaffen und dann von dem Verdienst sogar den Armen abgeben.
„Laßt kein faules Geschwätz aus eurem Munde gehen, sondern redet, was gut ist, was erbaut und was notwendig ist, damit es Segen bringe denen, die es hören."
Worte können sehr hohl sein. Sie können ohne Sinn bleiben. Worte können sehr verletzen. Du kannst einen Stich ins Herz bekommen durch Worte. Worte können die Gefühle von Menschen verletzen besonders, wenn sie unter die Gürtellinie gehen. Worte können ehrbaren Menschen ihre Lebensgrundlage nehmen.
Das trifft ganz besonders für die Medien zu. Es wird nur das Oberflächliche abgedruckt. Und die wirklichen guten Inhalte der Reden werden weggelassen. Unsere Printmedien sind erfüllt von Werbung und faulem Geschwätz. Die wirklichen guten Informationen musst du suchen.
Das trifft natürlich auch die Wahlreden der Politiker vor den Wahlen. Was davon wird nach den Wahlen verwirklicht? Unsere Regierungskoalition, die gewünschte Traumkoalition, hat kein gutes Jahr vorzuweisen. Krisen, Streit und missglückte Gesetzesvorlagen haben unser Land belastet.
Natürlich muss geredet werden. Natürlich muss es eine Presse geben.
Aber es muss gesagt werden, „was gut ist, was erbaut und was notwendig ist, damit es Segen bringe denen, die es hören" und lesen!
Offenbar wird auch Gottes Geist traurig gemacht, wenn unser Reden nicht segenbringend ist. Und so sind am Ende noch zwei entgegengesetzte Bibelverse zu zitieren.
Der ermahnende Vers:
„Alle Bitterkeit und allen Grimm, Zorn, Geschrei und Lästerung seien fern von euch samt alles Bosheit."
Und der Vers, der sagt, wie es sein sollte: „Seid aber untereinander freundlich und herzlich und vergebt einer dem anderen, wie auch Gott euch vergeben hat in Christus."
Da war ein Mann. Der hatte seine Axt verloren. Und er dachte bei sich: Der Sohn seines Nachbarn, der die Axt immer bewundert hatte, der hätte die Axt gestohlen. Der Mann beobachtete deshalb den Sohn seines Nachbarn sehr genau: Sein Gang, sein Blick und sein Auftreten, alles, was er tat, das sah nach einem Axtdieb aus.
Nach einiger Zeit fand der Mann zufällig die Axt unter einem Haufen Bretter. Er erinnerte sich, dass er die Axt selbst dort versteckt hatte. Nur hatte er das vergessen. Nun sah er den Sohn seines Nachbarn wieder. Sein Gang war nun nicht der eines Axtdiebes. Auch sein Blick und sein Auftreten und alles, was er tat, das sah nun nicht nach einem Axtdieb aus!
Manchmal haben wir einen Grimm in uns, den wir selbst verschuldet haben. Wir verdächtigen andere und die Bitterkeit im Herzen wird immer größer. Das Herz wird immer enger. Und nur der Geist Jesu kann uns davon befreien. Denn Herzlichkeit, Freundlichkeit und gegenseitiges Vergeben kommt nicht aus uns selbst. Wir müssen es uns schenken lassen.

Deshalb ist der Aufblick auf Jesus nötig. Deshalb ist der Glaube an diesen Herrn wichtig.
Diese ganzen ethischen Forderungen sind von unserem alten und ungläubigen Menschen nicht einzuhalten. Aber wenn uns der Geist Jesu ergriffen hat, dann ist es möglich, dass wir Gutes tun. Gott gebe uns seinen Segen dazu. Amen.

Gottesdienst am 7. Sonntag nach Trinitatis - Reihe IV
Predigttext: **Phil. 2, 1-4**
Lesung: Ac. 2, 41a.42-47
Lieder: EL 450, 1-3 Morgenglanz der Ew.
PS89: 745 Ich will singen von der Gnade
LL 181.6 Laudate omnes gentes
HL 326, 1+3+7 Sei Lob und Ehr
PL 221, 1-3 Das sollt ihr, Jesu Jünger
SL 320, 7+8 Wir bitten deine Güte
Wir beugen uns vor Gott und beten:
O, Gott, wir stehen vor dir. Und wir fragen uns: Wird in deinem Licht unser Leben hell? Wenn du uns freundlich ansiehst, dann leben wir auf. Werden wir im Bewußtsein deiner Gegenwart froh? Wenn du nach uns siehst, dann kann unsere Angst weichen. Nimm das Schwere von uns und erbarme dich!
Gott gibt dem Müden Kraft, und Stärke genug dem Unvermögenden. Männer werden müde und matt, Jünglinge straucheln und fallen; aber die auf den Herrn harren, kriegen neue Kraft, dass sie auffahren mit Flügeln wie Adler, dass sie laufen und nicht matt werden, dass sie gehen und nicht müde werden.
Ehre sei Gott in der Höhe...
Leicht wird es uns, Gott, in deiner Gegenwart. Leicht wird das Leben, das von dir getragen wird. Sprich zu uns. Es soll gelten, was du uns zugesagt hast. Dein Wort ist wahr in Ew.
LESUNG NACH LUTHER
Liebe Gemeinde!
Kennen Sie das auch?
Das innere und das unruhige Fragen: Hast du auch alles richtig gemacht? War es gut? Ist es angekommen? Hat man mich verstanden oder habe ich mich unsterblich blamiert?
Besonders als Berufsanfänger oder nach einer beruflichen Veränderung stellen wir uns diese Fragen.
Dieses Fragen hat zwei Seiten:
Da ist die Seite der Freude über Lob. Da ist das Selbstbewußtsein über gelungene Aktivitäten. Da ist auch der Stolz, genau richtig gelandet zu sein. Die Anerkennung tut gut!
Da ist aber auch die andere Seite:
Kritik, Zweifel, Hinterfragen, Skepsis. Das kann fertig machen.

Da kommt alles frühere Scheitern in den Sinn. Die Umwege kommen in Erinnerung. Und am Ende sagst du zu dir selbst: Du hast versagt. Du hast es nicht geschafft. Das ist deprimierend!
Es liegt offenbar eine tiefe Kluft zwischen den schönen Seiten des Berufslebens und den weniger schönen, zwischen den Erfolgen und den Mißerfolgen.
Ich weiß ja nicht, wie es Ihnen beim Hören unseres Pauluswortes gegangen ist...
War da der moralische Zeigefinger des Apostels heraus zu hören?
Oder ist dieser Abschnitt eine beruhigende, eine bestärkende Ermahnung? Etwas, was uns wieder näher zum Glauben bringt?
Hören wir noch einmal auf den Text:
LESUNG NACH DER GUTEN NACHRICHT
Geht denn das?
Alle Gemeindeglieder dieselbe Gesinnung. Alle Christen dieselbe Liebe und Eintracht. Alle dasselbe Ziel.
Nichts geschieht aus Selbstsucht. Nichts passiert aus Eitelkeit. Nichts aus Neid. Die Geschwister denken nicht an die eigenen Interessen.
Vielmehr haben sie alle das Wohl und Wehe der anderen im Blick.
Immer und überall lassen sie den anderen den Vortritt. Immer sehen sie darauf, wie etwas dem anderen gut tun kann. Der andere soll im Mittelpunkt stehen, nicht ich.
So kommt es ja auch in dem Gebet der Franziskaner zum Ausdruck.
Früher hat man dieses Gebet Franziskus von Asissi zugeschrieben. Es stammt aber von franziskanischen Ordensbrüdern aus Südfrankreich. Es wurde im Jahr 1913 verfasst:
ZITAT EG 416
Wie geht es Ihnen mit diesem Gebet?
Nimmt es Ihnen die Luft, weil es so steile Ziele hat?
Oder hilft es Ihnen, das Ziel des Glaubens leichter anzustreben, weil alle Hoffnung in dieses Gebet gelegt ist.
Ich bete es gern, auch wenn ich nicht so vollkommen bin wie ein Franziskaner-Bruder! Dieses Gebet zieht mich zu Jesus, in seine Nähe. Dadurch kann ich besser werden als ich bin.
Einmütigkeit und Eintracht gehören nicht unbedingt zu den Tugenden der Christengemeinden. Der Versuch der Evangelischen Allianz, seit mehr als 160 Jahren die christlichen Kirchen und Freikirchen im Gebet zu vereinen, ist nur bedingt geglückt. Selbst in unserem KBZ Konstanz ist die Einmütigkeit nicht unbedingt gegeben. Die wenigsten Gemeinden arbeiten gemeindeübergreifend an gemeinsamen Projekten. Manchmal ist es doch so, dass 5 Theologen im Raum sind und 6 Meinungen vertreten werden.
Warum fällt es so schwer, einmütig mit dem Blick auf Jesus Christus Projekte anzugehen?
Bei den Visitationen, die in Zukunft nur noch in Regionen abgehalten werden, wollen wir darauf achten, dass die Gemeinden sich gegenseitig befruchten. Synergie-Effekte

entstehen nur dann wenn wir aufeinander achten.
Paulus rät uns: Blicke auf zu Jesus, dann lernst du, in seinem Sinne zu leben. Deshalb wird auch gleich ein den Gemeinden damals bekannter Christus-Psalm angefügt. Es ist ein liturgischer, ein poetischer Text.
ZITAT Phil. 2,5ff (Gute Nachricht)
Man muss es ganz klar sagen:
Ohne das Blicken auf Jesus, auf den Gekreuzigten, gelingt uns Menschen offenbar die Einmütigkeit nicht. Liebe, Versöhnung und Demut kommen nicht aus dem Herzen des Menschen. Auch nicht von selbst aus dem Herzen eines Christen. Nur wer seine Hoffnung ganz auf Jesus Christus setzt, kann in der Spur Jesu bleiben, wie es der Apostel Paulus wünscht.
Was wir vorhin in der Lesung gehört haben, das klingt fast wie ein Märchen. Sie waren „einmütig zusammen in der Lehre, in der Gemeinschaft untereinander, im Brotbechen und im Gebet“. Aber offenbar hat die Urgemeinde in Jerusalem gut damit leben können, dass sie 4 Stützen hatte: Die Lehre, die Gemeinschaft, das Mahl des Herrn und das gemeinsame Gebet.
Was von den vier Stützen fehlt bei uns in der Gemeinde?
Gemeinsames Beten – für viele Menschen etwas Fremdes, für die Freikirchen etwas ganz Normales!
Die Feier des Hl. Abendmahles – jetzt bei uns monatlich, aber doch noch fremd, zu heilig oder zu oft?
Die Gemeinschaft – ein wirkliches persönliches Miteinander, wo einer auf den anderen achtet und keiner verloren geht. Ein Traum?!
Die Lehre – sie kommt bei uns viel zu kurz. Nur wenige sind in den Bibelgesprächsgruppen anzutreffen. Die Lehre überlässt man den Theologen. Und in manchen Situationen kann ein Gemeindeglied nicht einmal sagen, was theologisch richtig und was falsch ist!
Das allgemeine Priestertum der Gläubigen, das Martin Luther gefordert hat, ist fast utopisch. Die Grundordnung der Badischen Landeskirche hält zwar daran fest, aber die Wirklichkeit in den Gemeinden hat sich weit entfernt von der Ordnung der Kirche.
Feministisch-theologische Spitzfindigkeiten in vorgegebenen Texten der Frauenarbeit werden als solche gar nicht bemerkt.
Eine Unterscheidung zwischen dem, was die Heilige Schrift zu ethischen Fragen eindeutig sagt, und dem, was heutige Lebenswirklichkeit, die dem entgegen steht, lebt, kann nicht als Problem benannt werden.
Da wirkt es fast wie ein Zufallstreffer, wenn ein Kirchengemeinderat einen Pfarrer ablehnt, weil er zu oberflächlich gepredigt hat.
Ich möchte zum Schluss kommen:
In einem abgelegenen Dorf im Sudan treffen sich jeden Tag die Christen des Dorfes. Sie bitten Gott für ein besseres Miteinander mit den Dorfbewohnern, die keine Christen sind. Sie möchten so gern in Frieden und in Freundschaft mit ihnen leben.

Gerade erst hat man sie abgedrängt in die Hügel beim Dorf, weitab von den Wasserstellen. Nun müssen sie mühsam das Wasser tragen, um ihre Pflanzen zu bewässern.
Eines Tages steht eine Frau beim Morgengebet auf. Sie sagt: „Gott hat mir einen Ausweg gezeigt. Jeder von uns sollte noch früher aufstehen. Und anstatt unsere Felder zu bewässern, sollten wir erst die Felder der anderen versorgen. Dann erst kümmern wir uns um unsere Pflanzen!“ Das war eine schreckliche Vorstellung. Plagten sie sich noch nicht genug? Nun sollten sie sich freiwillig zu Sklaven der anderen machen?! Aber nach langem Beten stimmten alle zu und baten Gott um Kraft, das durchstehen zu können.
Am nächsten Morgen segneten sie sich gegenseitig und taten, was sie beschlossen hatten.
Irgendwann erwachten die anderen Dorfbewohner. Sie sehen, wie die Christen ihre Felder bewässern. Waren die verrückt geworden? Stumm verfolgten sie die Arbeit der Christen. Sie spürten, wie erschöpft diese Christen waren, wenn sie alles geschafft hatten.
Dann aber an einem Mittag schließt sich ein Nichtchrist den Christen an und hilft ihnen beim Bewässern ihrer Felder. Tag für Tag folgen andere seinem Beispiel. Nach sechs Wochen helfen sie nicht nur, sondern sie kommen auch zu dem morgendlichen Gebet.
Nach einem Jahr ist das ganze Dorf christlich.
Einmütigkeit, Liebe, Demut und Dienen haben den Menschen geholfen, zueinander zu finden.
Das ist es, was der Apostel meint.
Amen.

Predigt – 14. Sonntag nach Trinitatis
Predigttext: 1. Thess. 5, 14-24 (VI)
Lesung: Lk. 17, 11-19
Lieder: Aus dem ref. Gesangbuch der deutschspr. Schweiz

EL	80, 1-5	Morgenglanz der Ewigkeit
PS	Liest Henke (Gemeinde hat keine Texte) EG 774	
LL	47, 1+5	Du, meine Seele singe
HL	272, 1-3	Von Gott will ich nicht lassen
PL	292, 1+2	Harre, meine Seele
SL	321, 1-3	Jesus, leite mich, stark und festiglich

Laßt uns beten:
Heiliger Gott, ich finde das Danken nicht in mir selbst. So suche ich die Worte bei dir in deiner Barmherzigkeit! Ich halte mich an deine Freundlichkeit! Wenn ich mich verwundet fühle, dann fällt mir das Danken schwer. Hilf mir, daß ich danken lernen kann, um dir die Ehre zu geben. Herr, erbarme dich!
Kyrie

So tröstet uns Gottes Wort: Gott wird eurem Mangel abhelfen nach seinem Reichtum in Herrlichkeit durch Jesus Christus.
Wir beten abschließend:
Barmherziger Gott und Vater, von dir empfangen wir so viel Gutes. Wir dürfen dir alle unsere Anliegen bringen. Du hörst sie. Laß uns jeden Tag neu deine Güte erkennen durch Jesus Christus, unseren Herrn, der mit dir und dem Hl. Geist lebt und regiert in Ewigkeit.
Textlesung: 1. Thess. 5, 14-24 (VI)
Liebe Gemeinde!
Zum letzten Mal halten wir unseren Sommergottesdienst hier in der Bergkirche, bevor die kalte Jahreszeit beginnt.
Und wir haben wieder einmal einen Bibeltext zu uns sprechen lassen, der uns ermahnt. Er ermahnt uns zum Guten und zum Aufbauen der Gemeinde.
Da denken wir an das Bergkirchenfest und an die Stichpunkte zum Gemeindeaufbau.
Und wir denken an die oft falschen Wege, die wir in der Begegnung mit Menschen gegangen sind.
Dass uns der Gott des Friedens heiligen soll, damit wir unversehrt für die Ankunft Christi bewahrt werden, das ist das innerste Anliegen des Apostels. Denn Gott ist treu. Er hat uns berufen. Er hält uns an seiner Hand!

In der Dietrich-Bonhoeffer-Gemeinde in Freiburg hatten wir ab und zu nach dem Gottesdienst ein sog. Predigtnachgespräch. Dabei wollten wir über den Bibeltext reden, der der Predigt zugrunde gelegt war. Die Leute hörten an einem solchen Sonntag genauer hin. Denn sie wollten ja dann auch mitreden, eben beim Predigtnachgespräch.
Durch das Predigtnachgespräch wurde der Monolog des Predigers aufgebrochen. Es kam zum Dialog mit den Hörern. Und das war sehr spannend, für uns als Prediger wie für die Predigthörerinnen und -hörer. Manch ein Gemeindeglied hat durch seine Idee die Gedanken der Predigt sehr bereichert. Und es war ein fröhliches Geben und Nehmen von Pfarrer und Gemeinde.
Wir haben bei einem solchen Nachgespräch genau das getan, was wir in unserem Bibeltext lesen: Alles Gehörte sollte kritisch geprüft werden. „Prüfet alles, und das Gute behaltet!"
Also: Wenn da jemand spürt, dass der Hl. Geist unter uns wirkt... Wenn jemand meint, Gottes Stimme hätte wirklich gesprochen... dann soll trotzdem alles geprüft werden. Und zwar kritisch. Und wenn es geprüft ist, wenn es der eigenen Prüfung standgehalten hat, dann erst bewahrt er das Gute in seinem Herzen. Nur das Gute!
Und wenn jemand prophetisch redet. Wenn er also sagen kann, was Gott von den Menschen in ganz bestimmten Lebenssituationen will, dann prüft es trotzdem. Nichts darf unkritisch übernommen werden.
Manchmal frage ich unsere Konfirmanden: „Was war im letzten GD für euch wichtig?" Dann will ich nicht irgendwelchen Honigseim hören.

Sondern ich will wissen, womit sich die Mädchen und Jungs kritisch auseinandergesetzt haben. Wo sie vielleicht an ihr Zuhause erinnert wurden. Wo ihnen vielleicht die Schulprobleme durch den Kopf gegangen sind. Kritisches Hören ist wichtig. Und das Gute darf ins Herz hineingelassen werden. Das Gute muss einen Speicherplatz finden. Es verdient, aufbewahrt zu werden.
Wie kommt der Apostel Pls dazu, der Gemeinde in Thessalonike zu schreiben, dass alles geprüft werden soll? Was war der Auslöser?
Die Christen in der Gemeinde in Thessalonike erlebten die sehr schnelle Ausbreitung der frohen Botschaft von Jesus Christus. Überall sind Gemeinden entstanden. Überall gab es Christen, die erzählten fröhlich und dankbar von ihrem Glauben. Sie sprachen von der wunderbaren Freiheit, die sie gewonnen hatten. Jetzt kam ihnen ihr früheres Leben wie ein Gefängnis vor. Besonders für die Sklaven war diese Botschaft überwältigend. Sonst galten sie nicht einmal als Menschen. Man bezeichnete sie als sprechende Werkzeuge. Nun aber waren sie als Christen wiedergeboren und gleichberechtigt. Da gilt nicht Sklave oder Freier, sie sind alle eins in Christus. Ein riesiger Persönlichkeitsschub ergriff diese Menschen. Und sie konnten darüber nur glücklich sein! Welch eine große Freiheit!
Die Freiheit, die das neue Leben mit Jesus gebracht hatte, diese Freiheit sollte durch nichts verschüttet werden.
Deshalb ist es nötig, alles zu prüfen. Deshalb muss Kritik erlaubt sein!
Es gibt Menschen, die müssen alles, was sie tun, immer ganz besonders gut machen. Und wenn das nicht gelingt, dann glauben sie, sie hätten versagt.
Paulus ist der Meinung: Wer mit Jesus Christus sein Leben gestaltet, der darf Mensch sein. Und zum Menschsein gehört, dass wir Fehler machen. Und wenn wir Fehler gemacht haben, dann dürfen wir auch darüber reden. Wir dürfen aus Fehlern lernen. Und wir dürfen Vergebung erfahren.
Wer als Christ lebt, lebt unter der Gnade. Er oder sie ist begnadet und von Gott begnadigt. Denn Gott ist ein gnädiger Gott. Und der gnädige Gott hilft uns durch Jesus Christus zu einem wirklichen menschlichen Leben.
In anderen Religionen wird manchmal das irdische Menschsein verachtet. Da werden die Neumitglieder aus ihren Familien herausgerissen. Sie dürfen keinen Kontakt haben zu ihrer Mutter. Und mit dem Vater darf es keine Begegnung mehr geben. Ihre alte Familie muss sterben, damit sie sich der neuen Religionsgemeinschaft als neuer Familie bedingungslos anschließen können.
Manche achten das Menschsein so gering, dass sie sich für Anschläge gegen unschuldige Menschen verführen lassen. Den Leib betrachten sie als Gefängnis. Und die Erlösung vom irdischen Leib ist für sie Glück. Welch ein Irrtum!
Jesus war ganz Mensch. Und Jesus lässt auch uns ganz Mensch sein.
Der gesunde Körper ist ebenso ein vollwertiger Mensch wie der krank liegende Mensch. Jesus macht keinen Unterschied. Er will, dass es bei uns menschlich zugeht. Denn Menschlichkeit ist Christlichkeit.

Wenn wir erkennen, dass jemand einen schweren Fehler gemacht hat, dann sagen wir mit verzeihendem Gedanken: Er ist doch auch nur ein Mensch. Und wir meinen, was wir spüren. Christen sind Menschen.
Wir erfahren Vergebung. Wir erleben Freude. Wir haben Gemeinschaft mit anderen Menschen. Auch mit fehlerhaften Menschen. Als Sünder bemühen wir uns um ein Leben mit unserem Herrn Jesus Christus.
Ich habe einmal gelesen: Niemand kann von sich sagen, ich bin ein Christ. Vielmehr sollten wir vorsichtiger formulieren: „Ich bemühe mich darum, Jesus Christus nachzufolgen, um ein Christ zu werden."
Denn wenn wir menschlich leben, dann sind wir auf dem besten Wege, Christen zu sein.
Um diesen Sachverhalt weiß der Apostel Paulus. Deshalb ermahnt er die Gemeinde: „Prüft alles! Weist die Unordentlichen zurecht. Tröstet die Kleinmütigen. Tragt und ertragt die Schwachen. Habt miteinander Geduld! Meidet das Böse und jagt dem Guten nach. SEID ALLEZEIT FRÖHLICH! BETET OHNE UNTERLASS! SEID DANKBAR IN ALLEN DINGEN!
Ich weiß nicht, wie unsere Gemeinden heute aussehen würden, wenn Paulus das nicht geschrieben hätte. In wirklicher Freude, mit intensivem Gebet und mit herzlicher Dankbarkeit kann jede Christengemeinde gestaltet werden.
Das bekannte Lied von Martin Gotthard Schneider, einem gebürtigen Konstanzer, ist eine große Hilfe zum Danken. „Danke für diesen guten Morgen..." Alle Bereiche des Lebens werden angesprochen. Sogar etwas, was es 1960 bei Vollbeschäftigung nicht zu geben schien: „Danke für meine Arbeitsstelle." Und heute wissen viele Menschen nicht, wie sie Arbeit finden sollen. Da ist der Dank für die Arbeit wirklich angebracht!
Das Danken macht uns menschlicher. Wenn wir wissen, dass wir nicht alles im Leben selbst zu Wege bringen, leben wir gelassener. Und das Urteil über Menschen, denen es schlechter geht, fällt dann viel schwerer.
Wenn wir einen guten Weg gehen wollen, dann wollen wir mit Paulus gehen und im Kopf und Herzen die Lehre Jesu behalten. Denn nur so finden wir Zeit für ein menschliches Leben.
Dabei müssen wir uns nicht selbst überfordern.
Dabei dürfen wir Fehler und Schwächen zugeben.
Dabei dürfen wir uns Zeit nehmen für das Gespräch unter 4 Augen.
Dabei dürfen wir das Vergangene vergessen und Vergebung erlangen
Dabei dürfen wir kritisch prüfen, was die Pfarrer uns vorsetzen.
Dabei dürfen wir das Gute behalten. Nur das Gute!
Eigentlich kann ich dann nur noch den Segenswunsch des Pls wiederholen, der auch für uns heute gilt:
ER ABER, DER GOTT DES FRIEDENS, HEILIGE EUCH DURCH UND DURCH UND BEWAHRE EUREN GEIST SAMT SEELE UND LEIB UNVERSEHRT, UNTADELIG FÜR DIE ANKUNFT UNSERES HERRN JESUS CHRISTUS! A.

Gottesdienst am Sonntag Rogate
Predigttext: 1. Tim. 2, 1-6a
Lesung: Joh. 16, 23b-28+33
Reformiertes Gesangbuch der Schweiz

EL	80, 1-3	Morgenglanz der Ewigkeit
PS 95, 1-7b (Vortragen)		
LL	157, 1-3	Christ ist erstanden
HL	183, 1+3	Zeuch ein zu deinen Toren
PL	183, 5+6	Du bist ein Geist der Liebe
SL	52, 1-5	Lobe den Herren, den mächt.

Demütigt euch mit mir vor Gott und laßt uns beten!
Herr, unser Gott, im Gebet lädst du uns ein, zu dir zu reden. Alles, was uns freut, aber auch alles, was uns Kummer macht, dürfen wir dir sagen. Dennoch finden wir oft keine Zeit, mit dir zu reden.
Heute haben wir Zeit.
Wir wollen in der Stille zu dir kommen.
.... (Stille)
Herr, erhöre uns. Herr, erbarme dich!
So tröstet uns die Heilige Schrift: Christus spricht: Wenn ihr in mir bleibt und meine Worte in euch, dann werdet ihr bitten, was ihr wollt, und es wird euch geschenkt werden. Ehre sei Gott in der Höhe...
Lasst uns abschließend beten:
Ewiger Gott, Jesus hat uns gezeigt, wie wir recht beten sollen. Hilf uns, dass wir von ihm lernen und unser Leben danach ausrichten.
Deshalb loben wir ihn, der mit dir und dem heiligen Geist lebt und regiert von Ew. zu Ew.
Gebet: Himmlischer Vater!
Niemand kann predigen, wenn du dich nicht schenkst!
Keiner kann hören, wenn du ihn nicht lenkst!
So schenke und lenke du, heiliger Gott!
Sei du jetzt bei uns durch Wort und Gebot!
(Oder: Bleibe du bei uns in Freude und Not!)
Liebe Gemeinde!
Was ist die größte Versuchung für eine christliche Gemeinde?
Was ist die größte Versuchung für einen einzelnen Christen?
- - -
Es ist die Ghettoisierung!
Damit meine ich: Dass wir uns einschließen und isolieren, wenn wir zum Glauben gekommen sind. Auch das sich Isolieren gegen die Ungläubigen meine ich. So als ob ich mich sauber und rein halten muss gegen die anderen.
Das war auch auch das Problem der Freunde Jesu. Nach dem Kreuzestod Jesu haben sie sich eingeschlossen. Sie waren zusammen in Angst. Sie hockten in der Enge ihres

Zimmers in Jerusalem. Sie waren isoliert von aller Welt. Sie hatten sich in ihr eigenes Ghetto begeben.
Manchmal wurden Christen auch wie in ein Ghetto gedrängt. Als nach dem 2. Weltkrieg Mitteldeutschland eine kommunistische Diktatur von Russlands Gnaden wurde – man nannte dieses Gebiet „DDR“ - also Deutsche Demokratische Republik. Es wurde die Diktatur des Proletariats ausgerufen. Nur hatten die Arbeiter und Bauern am wenigsten davon. Sie wurden weiterhin ausgepresst und gemaßregelt. Die Kirche in der DDR war – marxistisch-lenistisch gedacht: Ein zählebiges Überbleibsel der alten Zeit. Dabei waren auch Christen gegen Hitler aufgestanden. Die sozial denkenden Pfarrer, die anfangs begeistert waren von der neuen Bewegung, die waren bald wieder aus der Einheitspartei ausgetreten. Damit bekamen sie viele Schwierigkeiten. Die Religion war nach Lenin „Opium für das Volk“. Deshalb wurde alles unternommen, um die Christen zu isolieren.
Die Isolation nahm damit seinen Anfang, dass für kirchliche Belange einfach keine Ansprechpartner da waren. Bei Bauarbeiten gab es keine Materialien. Es gab keine Zuteilung von Handwerkerleistungen. Alles, was die Kirchen-Gemeinden tun mussten, konnte nur über private und gutwillige Mitchristen geschehen.
Schlimmer noch war die Ghettoisierung in der Schule. Kinder von Christen, die eine sehr gute sportliche Leistung vollbracht hatten, wurden bei der Ausgabe von Medaillien einfach übergangen. Die Medaillien bekamen die anderen Kinder, die nicht so gute Leistungen vollbracht hatten, denn sie hatten das blaue Halstuch um.
Christliche Spitzensportler mussten abtrainieren, wenn bekannt geworden war, dass sie konfirmiert worden sind. Wer nicht zur Jugendweihe gegangen war, der hatte keinerlei Berufschancen. Christen waren ausgeschlossen von einer Ausbildung zur Kindergäntnerin oder gar zum Lehrer. Und die Lehrerinnen und Lehrer, die als Christen noch ihren Beruf ausübten, hatten sehr viele Probleme.
Nun ist das so, wenn die Bedrängnis von außen kommt, dann kann man wenig tun. Da tröstest du dich mit den anderen, denen es ebenso geht.
Aber wenn die Isolierung selbst vorgenommen wird, wie es bei den Freunden Jesu der Fall gewesen ist, dann ist die Versuchung sehr groß, vom Glauben abzufallen.
Thomas hatte sich schon abgesetzt. Und er war nicht da, als Jesus kam. Hatte er schon den Glauben aufgegeben? Seine Forderung nach der fühlbaren Wirklichkeit seines Herrn sagt ja alles!
Nun hat er seine Selbstisolierung zum Glück hinter sich gelassen. Er hat wieder in den Kreis der Jünger hineingefunden. Und er hat das Bekenntnis sprechen können: Mein Herr und mein Gott!
Ja, die größte Versuchung für den Glauben ist die Ghettoisierung.
Das sehen wir auch an unserem heutigen Bibelwort. Wir gehen mit unserem inneren Auge weit zurück zu den ersten Gemeinden, die nach Jesus Christus genannt wurden: „Krestianer.“ Etwa 100 Jahre nach der Kreuzigung Jesu. Wir schreiben das Jahr 130 nach Christi Geburt.
Wir kommen in eine Stadt mit einer Christengemeinde. Vielleicht nach Smyrna.

Damals hieß das Land „Kleinasien“, heute wären wir im Staatsgebiet der Türkei.
Wir sehen im Zentrum auf der Hauptstraße schöne römische Bauten aus weißem Marmor.
An den Thermen biegen wir rechts ab. Und nach wenigen Metern stehen wir vor einem größeren Haus. Dieses Haus gehört einem wohlhabenden Mitglied der Christengemeinde. Hier in diesem Haus finden die Gottesdienste und die Versammlungen statt.
Die Christen sind nicht sehr beliebt. Manchmal werden sie verprügelt. Das ist bitter. Aber im Großen und Ganzen sind die Christen geduldet. Kaiser Hadrian hat einen Erlaß herausgegeben. Dadurch hat er verboten, dass die römischen Soldaten gegen die Christen eingesetzt werden.
Wenn es auch keine Rechtssicherheit gab, so wenigstens Duldung.
Seit 80 Jahren waren die Gemeinden stark gewachsen. Es gab feste Strukturen und Ämter. Und alles sollte seine Ordnung haben. Und damit es bei der Ordnung bleibt, werden Ratschläge und Ermahnungen ausgesprochen.
So hat es ja auch Martin Luther im Kleinen Katechismus alles geordnet. Wir haben es zum Teil auswendig gelernt.
So also werden nun die Christen unterwiesen in dem, was Recht ist.
Was sind die Ermahnungen, von denen wir heute hören?
1. Haltet fest am Gebet in der Form von Bitte, Gebet, Fürbitte und Danksagung!
2. Wofür und für wen?
Für alle Menschen, für die Könige und für alle Obrigkeit, für ein ruhiges und stilles Leben, damit die Christen fromm, anständig und angesehen leben können.
3. Das gefällt Gott. Und unser Heiland Jesus Christus sieht es gerne.
4. Denn Gott will, dass allen Menschen geholfen werde.
Alle Menschen sollen zur Erkenntnis der Wahrheit finden. Denn nur durch die Erlösungstat von Jesus können die Menschen gerettet werden. Deshalb also beten wir für sie alle.
Zwei Ermahnungen möchte ich noch näher erklären.
Was ist eigentlich der Unterschied zwischen Bitte, Gebet, Fürbitte und Danksagung?
Die **Bitte** ist wohl das erste und das schnellste Gebet eines Menschen. Ob als Stoßgebet oder als Herzensgebet. In der Bitte breiten wir unsere Wünsche vor Gott aus. Mit der Bitte sprechen wir aus, was wir von Gott haben wollen und was wir brauchen. Und wir erbitten auch, was unsere Mitmenschen brauchen, in einer Welt voller Terror, voller Haß und Krieg. Die Bitte um Frieden ist z. B. das zentrale Anliegen der jedes Jahr stattfindenden Friedensdekade. Seit mehr als 35 Jahren beten Christen in Deutschland um Frieden und Gerechtig-keit. Mit der Bitte um Versöhnung lagen wir Gott in den Ohren. Und es war die spezielle Aufgabe der Christen in Deutschland, für Versöhnung und Frieden zu beten. Und als die friedlich erbetete Einheit unseres Vaterlandes kam, dann standen wir da mit offenen Mündern und unglaübig staunenden Augen. Die Einheit kam durch die Gebete und mit Gottes Hilfe friedlich. Gott hatte den russischen Bär gezähmt und Gorbatschow hat die

Ideologie der Panzer eingetauscht gegen Menschenwürde und Freiheit. Unglaublich!
Das bedeutet für mich: Bitten in Jesu Namen.
Das **Gebet** ist das Reden mit Gott.
Ein Gebet kann mit Worten gesprochen werden. Das Gebet kann aber auch ohne Worte vor Gott in der Stille hingehalten werden. Auch gesungen... Wir sagen: Wer singt, betet doppelt. Der Gesang von Liedern ist Gebet.
Oder auch das „Gebet des Herrn“, das VU ist ein Gebet. Es ist wohl das beste und richtigste Gebet. Es enthält ja auch Bitten. Aber es sagt uns auch, welchen Inhalt Gebete haben sollten.
Die **Fürbitte** ist uns als ein besonderes Anliegen aufgetragen.
In der Fürbitte nehmen wir das Leid und die Schmerzen unserer Schwestern und Brüder ernst. Wir bringen sie vor Gottes Angesicht und legen ihm allen Kummer hin.
Wir beten für unsere Kinder und für unsere Familien. Wir bitten um Genesung und um Heilung.
Wir beten für die Menschen, die Verantwortung tragen in der Kirche und im öffentlichen Leben.
Wir beten auch für die Menschen, die uns hassen. Jesus sagt: „Segnet die euch fluchen, bittet für die, die euch beleidigen und verfolgen.“ Das ist gewiss nicht immer leicht. Wer aber dieses Gebet sprechen kann, der ist tief im Glauben verwurzelt.
Vielleicht sind wir in unseren evangelischen Gemeinden noch sehr ungeübt im Beten. Es gibt Gemeinden, in denen es kleine Gebetskreise gibt. Sie kommen jede Woche zusammen, um zu beten. In der Allianzgebetswoche wird da am Jahresanfang ein Beispiel gegeben.
Eigentlich müßte heute in diesem Gottesdienst nach dieser Predigt unser Großes Kirchengebet frei und ungezwungen möglich sein. Jeder sagt frei und laut, was er auf dem Herzen hat.
Die **Danksagung** für alle Menschen hat etwas mit dem Lob Gottes zu tun. Durch den Dank, den wir gegenüber Gott zum Ausdruck bringen, werden wir befreit von unseren Klagen über andere Menschen. Und wir werden in die Lage versetzt, Gott anzubeten. Gott hat ja die anderen Menschen ebenso erschaffen wie auch uns! Und auch Menschen, die nicht glauben, sind Gottes wunderbare Geschöpfe!
2. Wozu ist es aber gut, für andere Menschen zu beten?
Reicht es denn nicht aus, wenn jeder für sich im stillen Kämmerlein die Hände faltet? Jesus hat auch das schauspielerische Beten verurteilt!
Aber das Gebet für diejenigen, die uns regieren, ist keine Schau. Denn dieses Gebet ist oft auch mit der Bitte um Erbarmen gekoppelt.
Wir sind im Beten nicht Richter über andere Menschen. Wir sind als Beter Menschen. Menschen, die mitleiden mit den Verantwortlichen in Kirche und Politik.
Wo Unrecht und Korruption geschieht, dann müssen wir dagegen anbeten. Wenn Menschen falsche Wege gehen, dann sollten wir zuerst für sie beten. Erst danach sollten wir mit ihnen reden.

Für unsere Kinder sollten wir die Hände falten. Immer wieder beten, beten und nochmals beten. Unsere Ratschläge wären ja doch nur Schläge.
Das Beten ist auch mehr, als nur die Hände in den Schoß zu legen.
Beten ist ein Teilnehmen an der Veränderung dieser Welt zum Guten hin.
Wenn die Mönche „Beten und Arbeiten" wollten, dann ist diese Verantwortung vor Gott ganz ernst genommen. Die mittelalterlichen Klöster sind nicht nur „Gebetshütten" gewesen. Es sind prächtige Gotteshäuser und wahre Klöster entstanden, mit denen Gott geehrt wurde. Es wurde aber auch ödes Land fruchtbar gemacht. Die Klöster brachten Arbeit, Brot und Zivilisation. Nicht nur für die Mönche und Nonnen. Nein, für alle Menschen dieser Region.
Jahr für Jahr kommen viele Menschen hier in unsere Bergkirche. Die stillen Gebete hört Gott. Und die entzündeten Kerzen, die auch als Fürbittgebete anzusehen sind, die sieht Gott. Es ist mehr Religiosität in unserem Land, als wir zu glauben wagen.
Möge Gottes Wille auch weiterhin geschehen, hier in Büsingen, in unseren Ländern D und CH, in Europa und im Himmel wie auf Erden. Amen.

Gottesdienst - Misericordias Domini
Predigttext: **1. Petrus 2, 21b-25**

Lesung:	Jh. 10, 11-16		
	EL	106, 1-5	Erschienen ist der herrlich Tag
	PS 23	710	Der Herr ist mein Hirte
	LL	101, 1	Christ lag in Todesbanden
	HL	274, 1-3	Der Herr ist mein getr. Hirt
	PL	346, 1-3	Such, wer da will ein ander Z.
	SL	407, 1+2	Stern, auf den ich schaue

Wir beugen uns vor Gott und beten!
Gott, wie ein Hirte siehst du nach uns. Deine Augen leiten uns. Du willst uns nicht verlieren. Und doch gehen wir eigene Wege, manchmal trotzig, manchmal stolz Das tut uns dann erst leid, wenn wir uns verirrt haben. Wir bitten dich herzlich, laß uns den rechten Weg finden. - Herr, erbarme dich!
So tröstet uns die Heilige Schrift durch die Worte aus dem Buch des Propheten Hesekiel/Ezechiel: Gott spricht: Ich will das Verlorene wieder suchen und das Verirrte zurückbingen und das Verwundete verbinden.
Laßt uns abschließend beten:
Ewiger Gott, Jesus Christus ist für uns wie ein guter Hirte. Er ruft uns zu sich und gibt uns Schutz. Wir kennen seine Stimme und schätzen sein Erbarmen. Bei im kennen wir keinen Mangel. Deshalb loben wir ihn, der mit dir und dem heiligen Geist lebt und regiert von Ew. zu Ew.
Gebet: Himmlischer Vater!
Liebe Gemeinde!
Einmal angenommen: Alle Menschen unserer Erde würden Jesus als Vorbild und als Herrn anerkennen...

Im Kleinen Katechismus von Martin Luther steht: „Wer die Worte (von der Vergebung) glaubt, der hat, was sie sagen: Vergebung der Sünden."
Das darf geglaubt werden. Und nur der kann es glauben, der es am eigenen Leibe selbst erfahren hat. „Denn durch seine Wunden sind wir heil geworden." Der Betroffene wird von der Kraft der Vergebung leben.
Die so geheilten und geheiligten Menschen müssen nun nicht mehr herumirren wie die Schafe ohne einen Hirten. Denn sie haben einen guten Hirten, sie haben den Bischof ihrer Seelen.
Ja, es ist wirklich so: Menschen können falsche Wege gehen. Gemeinden können falsche Schwerpunkte setzen. Und Kirchen können ein sehr schlechtes Bild abgeben.
Das passiert immer dann, wenn sie nicht mehr in den Fußspuren von Jesus gehen wollen. Wenn sie den guten Hirten aus den Augen verlieren.
Aber das ist sicher: Der gute Hirte lässt seine Schafe nicht aus den Augen. Er sucht die, die er verloren hat. Und wenn er die Verlorenen findet, dann schmeißt er eine große Party. Dann wirst du verwöhnt. Dann bist du herzlich willkommen!
Die Gleichnisse vom Verlorenen in Lk. 15 zeigen unübertroffen und einzigartig, wie sich Jesus um Menschen bemüht. Keine Suche ist zu schwierig. Und kein Weg ist zu weit. Umkehr ist immer möglich. Und Vergebung wird wirklich gern gewährt. Der Mensch muss sie nur wollen!

Misericordias, so heißt unser heutiger Sonntag. Zu deutsch: Gnade, Barmherzigkeit.
Es ist dieses Erbarmen, das ganz von Gott kommt.
Es ist diese Liebe, die sich ganz für uns hingibt.
Es ist das Leiden, das sich vollkommen für uns eingesetzt hat.
FÜR DICH UND FÜR MICH!

Zum Schluß noch ein Gedicht von Lother Zenetti:

Betend / also gewohnt / in den Wüsten zu wohnen /
Durststrecken zu durchstehen / von jeher /
halten wir stand / wir haben den längeren Atem /
wir haben die größere Hoffnung.

Betend / also mit anderen Augen /
sehen wir manchmal Zeichen /
auf den Zusammenhang weisend / sehen vor Tage /
ein wenig schon / wie ein Licht / das verheißene Land.

Betend / also denkend das Undenkbare /
folgen wir der Spur / halten Schritt mühsam /
mit dem der vorangeht / durch Wasser und Wüste /
der möglich macht das Unmögliche /
der Leben wirkt / aus dem Tod.

Ja, was würde sich nicht alles verändern, wenn die Menschen in der Spur Jesu gehen wollten. Welch eine Ausstrahlung. Was würde und könnte nicht alles anders werden! Halten Sie sich diese Sehnsucht warm! Amen.

Predigt - IV
Predigttext: Offbg. 5, 1-5(6-14)
Lesung: Rö. 13, 8-12
Lieder: EL 1, 1-3
PS24: 711.2
LL 1, 4
HL 16, 1+4
PL 154, 1-5
SL 1, 5
Bussgebet: Wir beugen uns vor Gott und beten:
Jesus, du willst uns tragen und uns helfen.
Aber wir zweifeln immer wieder an deinen Möglichkeiten.
Es geschieht so viel Böses in unserer Welt, dass wir irre werden an deiner Macht.
Unsere Hilflosigkeit lässt uns glauben, auch Du wärest ohne Macht.
Lass uns erkennen, dass du arm geworden bist, damit wir dich in unserer Armut finden können.
Du hast das Leiden auf dich genommen, damit wir erfahren, dass auch das Leid uns nicht von die trennen kann.
Lass uns in dieser Adventszeit neu erfahren: Deine Herrlichkeit wird nicht in der Macht sichtbar, sondern in der Liebe. Deshalb rufen wir zu dir: Gib uns neue Hoffnung und neues Vertrauen! Herr erbarme dich!
So spricht Gott: Fürchte dich nicht, ich bin mit dir, weiche nicht, denn ich bin dein Gott. Ich stärke dich, ich helfe dir auch. Ich halte dich durch die rechte Hand meiner Gerechtigkeit! Ehre sei Gott...
Neu kommst du zu uns im Advent! Du lässt uns dein Licht leuchten. Von Sonntag zu Sonntag wird es heller. Bis es dann an der Krippe erstrahlt. Bis uns das Licht der Weihnacht umstrahlt. Jesus, du kommst. Komm auch zu uns! Amen.
Liebe Gemeinde!
Mit einem Blick in den geöffneten Himmel beginnt das neue Kirchenjahr. Gott öffnet den Himmel. Das mit den sieben Siegeln verschlossene Buch des Lebens wird geöffnet von Jesus, von dem Löwen aus Juda, von dem Sieger über Tod und Hölle.
Die Offenbarung malt mit bedeutenden Worten viele schöne Bilder.
Und wir müssen es lernen, diese Bilder zu verstehen.
1. Bild: Ein Buch in der rechten Hand des Herrschers, der auf dem Thron sitzt, innen und außen beschrieben, mit 7 Siegeln versiegelt.
Das Buch, von dem hier die Rede ist, liegt in der rechten Hand des Schöpfers. Das heißt: Gott weiß dieses Buch zu halten und zu führen.
Gerade das Buch des Lebens, das noch mit 7 Siegeln verschlossen ist, gerade dieses

Buch wird nicht verloren gehen. Es liegt in der Rechten!
Dieses Buch ist innen und außen beschrieben. Das heißt: Es gibt so viel zu berichten, dass die normalen Seiten nicht ausreichen.
Was Menschen auf Gottes schöner Erde alles angestellt haben, das geht „auf keine Kuhhaut". Der Liederdichter schreibt: „Und ein Buch wird sich entfalten, drin die Schuld der Welt enthalten, über dir Gericht zu halten." Schon meine Generation könnte seitenfüllend zitiert werden. Und ich lebe erst 60 Jahre.
Aber die Völker über die Jahrhunderte, die Kriege, das Elend, die Schmerzen der Armen und die Schreie der Gefangenen... Alles ist in diesem Buch nachzulesen!
Es steht darin alle Ungerechtigkeit und alle Unwahrheit. Wie die Mächtigen die Schwachen bedrückt haben. Wie man Sklaven gehalten hat. Wie man die Menschen in den Kolonien unterjocht hat.
Wo die Massengräber sind und die Verantwortlichen dafür heute sich versteckt haben.
Das Buch ist also noch mit 7 Siegeln versehen. Und öffnen darf es nur jemand, der keine Schuld auf sich geladen hat!
2. Bild: Die Frage: Wer ist würdig, das Buch zu öffnen?
Es ist nicht verwunderlich, dass kein Mensch das Buch öffnen kann. Denn es gibt keinen Menschen, der keine Schuld auf sich geladen hat! Alle haben wir gesündigt. Und die Zeit des Advent bis zum Fest ist eigentlich eine Zeit der Besinnung und der Umkehr!
Was tun wir in dieser Zeit???
Wer ist würdig, das Buch mit den sieben Siegeln zu öffnen?
Da kann der Seher weinen, wie er will. Kein irdisches und kein himmlisches Wesen ist würdig.
Der Seher wird getröstet. Nur das Lamm!
3. Bild: Das Lamm.
Das Lamm, das die Sünde der Welt trägt. Es ist erwählt vom Vater-Gott. Jesus, der Löwe aus dem Stamm Juda. Das Lamm, das aussieht wie tödlich verwundet. Aber es hat den Sieg in der Hand. Jesus hat Tod und Teufel besiegt. Jesus ist eingesetzt vom Vater.
Und die vier Lebewesen um das Lamm herum sind die vier Apostel der Schrift, die Evangelisten Matthäus, Markus, Lukus und Johannes. Dargestellt als Engel, Löwe, Stier und Adler.
Sie bezeugen: Jesus hat nicht mit Gewalt gesiegt, sondern mit treuer Hingabe. Jesus steht als Lamm im Mittelpunkt aller Gedanken Gottes
Und inmitten der Gemeinde steht er als Mittelpunkt und als Quellort für alle Menschen und alle Welt.
Die sieben Hörner sind ein Bild der Vollmacht.
Die sieben Augen bedeuten ein Gleichnis für völlige Klarheit.

Die sieben Geister sind ein Hinweis auf die Fülle des Geistes, welche dem Lamm gegeben ist.
So ist Jesus würdig, das Buch zu öffnen.
4. Bild: Nehmen des Buches. Anbetung.
So tritt es hinzu, das Lamm, der Löwe aus Juda.
Nimmt das Buch aus der rechten Hand Gottes.
Und die vierundzwanzig Ältesten fallen nieder und beten an.
Es erklingt ein neues Lied. Dieses Lied übertönt alle Trauerlieder dieser Welt. Die melancholischen Gesänge der Verfolgten werden umgewandelt in Jubelgesänge, voller Halleluja, voller Lob und Dank.
Und sie singen:
„Das Lamm, das geschlachtet ist, ist würdig, zu nehmen das Buch und aufzutun seine Siegel.“
Und weiter: **„Das Lamm, das geschlachtet ist, ist würdig, zu nehmen Kraft und Reichtum und Weisheit und Stärke und Ehre und Preis und Lob.“**
Und alle Wesen der Schöpfung hören den Gesang und stimmten mit ein und sprechen:
„Dem, der auf dem Thron sitzt, und dem Lamm sei Lob und Ehre und Preis und Gewalt von Ewigkeit zu Ewigkeit.“
Und die vier Gestalten fallen nieder und sprechen: **Amen**.
Eigentlich müssten wir jetzt aus dem Deutschen Requiem von Johannes Brahms die Musik hören: Herr, du bist würdig... Aber das würde jetzt zu weit führen.
Wir sollten vielmehr überlegen: Wie würde unser Lob ausfallen, wenn wir es heute anstimmen wollten zu Beginn dieser Adventszeit?
Der Seher Johannes weint, als ihm klar wird, wie sündig wir Menschen sind, und zwar ganz komplett. Dass keiner würdig ist, das Buch aus der Hand des Allmächtigen nehmen zu können. Und die Ältesten müssen ihn trösten. Sie weisen ihn hin auf Jesus, auf das Lamm, das die Sünden der Welt getragen hat.
Also ist es wahr: Wer sich diesem Jesus anvertraut, der kann in Zukunft auf seine Tränen verzichten. Jesus wischt sie ihm ab. Jesus heilt die gebrochenen Herzen. Jesus verbindet die Verwundeten. Jesus kann durch sein Opfer und durch seine Liebe Großes tun. - Glaubst Du das? - Ja, glauben wir das wirklich?
Zum Abschluss möchte ich deshalb diese Wirksamkeit des Lammes mit einem Beispiel belegen:
Da war ein intelligenter Mann. Er hatte eine Frau und zwei Kinder. Er ging von morgens bis abends seiner Arbeit nach.
Aber nach seiner Arbeit ging er nicht nach Hause zu Frau und Kindern. Er stellte das Auto ab und zog in eine Wirtschaft.
Und je öfter er dorthin kam, um so mehr wurde er krank. Alkoholkrank. Er konnte das Trinken nicht lassen. Bald trank er schon am Steuer auf dem Heimweg. Bald schon auf dem Weg zur Arbeit.

Seine Frau flehte ihn an. Aber es half nichts. Er ließ sich nichts sagen
Bald stand schon der Klare hinter den Socken im Kleiderschrank. Der Mann brauchte einfach immer etwas. Der Alkoholspiegel war ihm wichtiger als der Spiegel in der Garderobe. Denn wenn er da hinein geschaut hätte, dann hätte er schnell sein Elend und seine Sucht erkannt.
Für seine Kinder hatte er gar kein Gespür mehr. Alles machte seine Frau allein. Und sie machte es gut, wenn man die schwere Situation bedenkt.
Seine Frau holte ihn auch öfters aus dem Straßengraben, wenn er nicht mehr nach Hause fand. Sie liebte ihn und deckte seine Sucht.
Das tun die meisten Frauen in Liebe und Pflichterfüllung!
Eines Tages saß am Stammtisch in der Wirtschaft ein Mann. Sein Gesicht hatte Narben. Seine Stimme war rauh. Aber sein Wesen war ungemein herzlich.
Dieser Mann trank Cola, während die anderen dem Viertele zusprachen.
Unser Ehemann erzählte: Sein Arbeitgeber werde ihn zum Monatsende kündigen. Er wisse nicht ein noch aus. Da sagte der Cola-Trinker: „Ich weiß da einen Ausweg für dich! Nimm Jesus in dein Leben auf. Und du wirst bestimmt deine Sucht los!“
Der Ehemann brauchte noch Wochen, ehe er den Rat des Mannes vom Blauen Kreuz annehmen konnte.
Aber dann hat es gefunkt. Sein ganzes verpfuschtes Leben hat er Jesus hingelegt. Und von Stund' an war er befreit von seiner Sucht!
Er fand wieder Arbeit. Seine Frau und seine Kinder atmeten auf. Manches war noch zu regeln. Aber mit der Kraft des Glaubens, mit dem Löwen Judas, mit dem Lamm im Hintergrund, da hat er es geschafft!
Zur Stärkung ging er jetzt in die Stunden des Blauen Kreuzes. Und er konnte manchem Kameraden helfen. Denn ohne Jesus hätte er es nie geschafft, von der Sucht weg zu kommen.
Das ist die Kraft und die Wirksamkeit des Lammes Jesus!
Das geschieht heute unter uns.
Amen.

Printed by Books on Demand GmbH, Norderstedt / Germany